BÜCHERWURM

Mein Lesebuch 2

Erarbeitet von
Isolde Stangner
Anne Braun
Ulrike Herbst
Heide Krahnepuhl
Heike Manthey

Illustrationen von
Barbara Schumann
Antje Kahl
Gisela Röder

Ernst Klett Grundschulverlag
Leipzig Stuttgart Düsseldorf

BÜCHERWURM

Mein Lesebuch 2

Erarbeitet von Isolde Stangner, Anne Braun,
Ulrike Herbst, Heide Krahnepuhl, Heike Manthey

Illustrationen von Barbara Schumann, Gisela Röder,
Antje Kahl

Zum Unterrichtswerk
BÜCHERWURM für Klasse 2 gehören:

Mein Sprachbuch 2 Ausgabe mit Schulausgangsschrift	220030
Mein Arbeitsheft zum Sprachbuch 2 Ausgabe mit Schulausgangsschrift	220031
Mein Lesebuch 2	220020
Mein Sachbuch 2	220040
Mein Arbeitsheft zum Sachbuch 2	220041
Lehrerband Sprachbuch 2	220022
Lehrerband Lesebuch 2	220023
Lehrerband Sachbuch 2	220021

Gedruckt auf Papier aus
chlorfrei gebleichtem Zellstoff, säurefrei.
Umschlag mit PP-Folie kaschiert,
umweltverträglich und recycelbar.

1. Auflage 1 5 4 3 2 2001 2000 1999 98 97

Alle Drucke dieser Auflage können im Unterricht nebeneinander benutzt werden, sie sind untereinander unverändert.
Die letzte Zahl bezeichnet das Jahr dieses Druckes.

Dieses Werk folgt der reformierten Rechtschreibung und Zeichensetzung.

Redaktion: Erika Richter
Umschlag: Torsten Lemme unter Verwendung
einer Illustration von Barbara Schumann
Layout und grafische Gestaltung: Dagmar & Torsten Lemme
Repro: City-Repro Berlin
Druck: APPL, Wemding
ISBN 3-12-220020-1

Inhalt

Die Schule macht die Türen auf

Familiengeschichten

Du und ich und wir

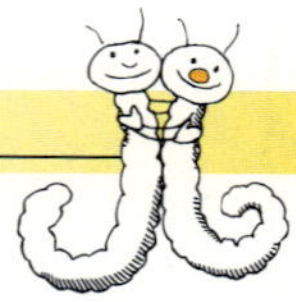

Gesund bleiben – sich wohl fühlen

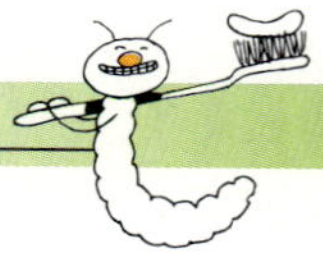

Die Erde ist unser Haus

Bei uns und anderswo

Jeder ist wichtig

Traumhaftes und Zauberhaftes

Die Zeit vergeht

Blätter an meinem Kalender

* Gedichte
** Lieder
*** Reproduktionen

Die Schule macht die Türen auf

Rätsel

Viele Fenster und auch Türen
sind in einem großen Haus!
Viele Kinder sieht man laufen,
gehen dort täglich ein und aus.

Wo ich am liebsten lese

Ich lese am liebsten im Bett.

Ich lese am liebsten
auf dem Klo.

Ich lese am liebsten
in der Küche.

Ich lese …

Wenn ich lese, habe ich keine Langeweile.
Wenn ich lese, ärgere ich mich nicht über schlechtes Wetter.
Wenn ich lese, habe ich viel Spaß.
Wenn ich lese …

Was ich alles kann

Ich kann
Aufstehen und mich anziehen
Bilder beschreiben
ein Clown sein
Dichten
Einkaufen
Feste feiern
Guten Tag sagen
Helfen
Igel von Löwen unterscheiden
Jahreszeiten aufsagen
Knöpfe annähen
Lieder singen
Messer und Gabel benutzen
Naschen und unartig sein
Ordnung halten
Pflanzen erkennen
die Straße überqueren
Ruhig sein
Schuhe putzen
Turnen
die Uhr ablesen
Verreisen
mich Waschen
X von einem Y unterscheiden
Zehn Zahlen finden

Hannes Hüttner

Noch mehr ABC

Bilderrätsel-ABC

Die Auflösung findest du auf Seite 180.

Karl-Heinz Appelmann

Riesen-Spaß-Wörter

Es regnet. Tim und Nina langweilen sich.
„So ein blöder Regen“, sagt Tim.
„So ein blöder Regentag“, sagt Nina.
„So eine blöde Regentagslangeweile“, sagt Tim.
Da hat Nina **die** Idee:
„Du, wir suchen Riesen-Spaß-Wörter!“

Ninas Riesen-Schul-Spaß-Wörter

Lehrer
Lehrerzimmer
Lehrerzimmertür
Lehrerzimmertürschlüssel
Lehrerzimmertürschlüsselloch
Lehrerzimmertürschlüssellochgucker

Tims Riesen-Schul-Spaß-Wörter

Klassenwandertag
Schulranzenrücklicht
Tintenkleckslöschpapier
Bücherwurmlieblingsspeise
Lesebuchgeschichtenerfinder

Dann suchen Nina und Tim
Quatschwörter, Regenwörter und Liebhabewörter.
Aber die sind leider verloren gegangen.

Gute Nacht mit B

Ein **B**all, ein **B**är, ein **B**ild, ein **B**ett,
wie gern ich jetzt ein Schlafkind hätt'.

Ein **B**är, ein **B**ild, ein **B**ett, ein **B**all,
bis morgen früh auf jeden Fall.

Ein **B**ild, ein **B**ett, ein **B**all, ein **B**är,
dem Müden fällt der Schlaf nicht schwer.

Ein **B**ett, ein **B**all, ein **B**är, ein **B**ild,
schlaf ruhig und schnarche nicht so wild.

Michael Joosten

Das **A** und das **U**
stießen heftig zusammen
(wahrscheinlich war es
glitschig und nass).
Jedenfalls tat
der Zusammenprall weh;
drum schrien sie.
Aber was? Aber was?

Hans Manz

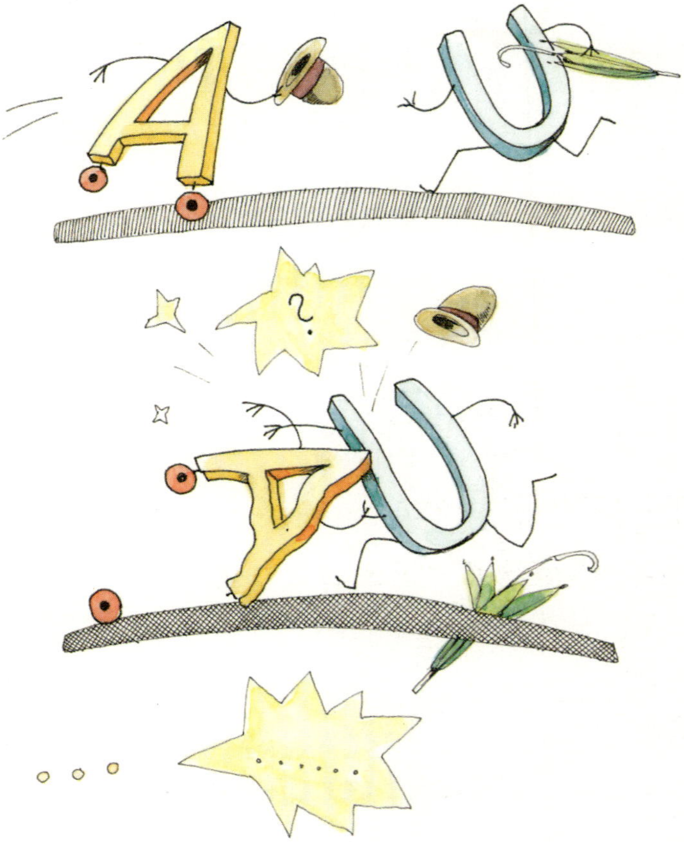

Klaus kaut Käsekuchen.
Kerstin knabbert Kekse.
Und die kleine Katrin
krümelt kräftig mit.

Bernd Lunghard

Freunde

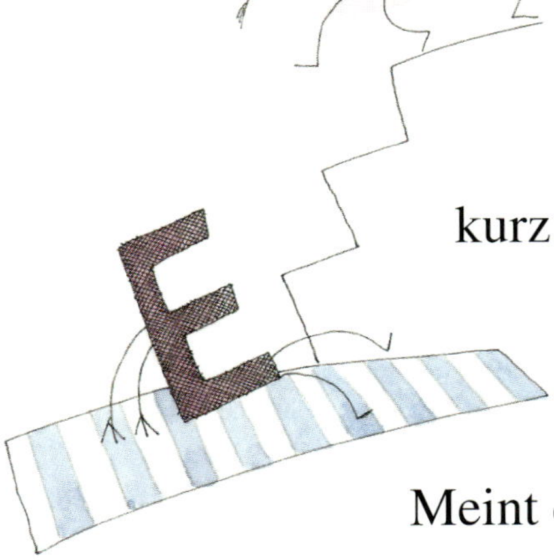

Ein F ist allein,
lädt das R zu sich ein,
noch ein E kommt hinzu,
kurz danach auch das U .
Steht ein N vor dem Haus,
holt die vier zu sich raus.
Meint das mitgebrachte D :
„Kommt, wir gehen zum E !“

Regina Schwarz

F ußball spielen
miteinander r eden
Fr eu de machen
n icht streiten
aneinander d enken
e twas schenken

Das Geheimnis der acht Zeichen

Eines Abends findet Felix einen Brief
unter seinem Kopfkissen.
Er öffnet den Umschlag
und liest eine geheimnisvolle Nachricht.

Vorsichtig
klettert Felix
die Leiter hinauf.
Sie schwankt und biegt sich.
Felix blickt durch das Fenster
und sieht die große Überraschung.
Da steht ein Korb
und in dem Korb
sitzt ein kleiner Hund.
Er winselt und bellt
und freut sich,
dass Felix ihn gefunden hat.

Geheimschrift

Wer seinem Freund eine geheime Botschaft übermitteln will, kann sie mit unsichtbarer Tinte aufschreiben.

Hierzu folgendes Rezept:

Drei Esslöffel Wasser in eine Tasse gießen.

Dann so viel Salz einrühren, bis sich das Salz nicht mehr auflöst und am Boden absetzt.

Nun ist die Tinte fertig.

Die Schrift verschwindet auf dem Papier, sobald die Geheimtinte trocknet. –

Lesbar wird die geheime Botschaft erst wieder, wenn das Blatt an einer Glühlampe erwärmt wird.

Ich wette mit dir,
dass sich in diesem Augenblick
keine fünfzig Zentimeter von diesem
Punkt

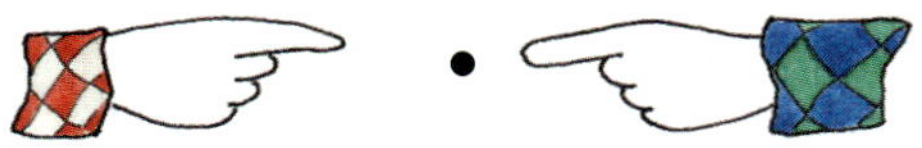

entfernt ein Spiegel befindet!
Na, hätte ich meine Wette gewonnen?

Du kannst die Wette ja auch anderen anbieten.

Wenn ein Löwe in die Schule geht

Wenn ein Löwe in die Schule geht,
lernt er:
brüllen und schleichen
und mit weichen
Tatzen
kratzen.

Wenn ein Hase in die Schule geht,
lernt er:
mümmeln
und lümmeln,
hoppeln und springen
aber nicht singen.

Wenn ein Igel in die Schule geht,
lernt er:
Kugel spielen,
nachts holterdipoltern
und die langen
Schlangen
fangen.

Wenn ein Rasenmäher in die Schule geht,
lernt er:
Rasen scheren,
Ruhe stören,
schneidig blinken
und stinken.

Wenn ein Floh in die Schule geht,
lernt er:
Hochsprung und beißen,
das will schon was heißen.

Wenn die Kinder in die Schule gehn,
lernen sie:
lesen, rechnen, schreiben,
auf den Plätzen bleiben,
sie lernen von Blumen und Spatzen
und warum die Luftballons platzen.

Wenn der Schnittlauch in die Schule geht,
lernt er:
sich recken und strecken,
schön grün sein
und auf dem Butterbrot schmecken.

Wenn eine Hexe in die Schule geht,
lernt sie:
auf Besen reiten,
paragleiten,
zaubern und hexen
und sich verstecksen.

Friedl Hofbauer/Anna Melach

Schimpfeln

Sofie steht mitten auf dem Schulhof.
Die Kinder rennen um sie herum.
Sofie ist ganz rot im Gesicht.
Sie hat eine riesige Wut.
Katja und Olli wollen nicht mit ihr spielen.

„Ihr blöden Hornochsen!“, schreit sie.

Sie schreit es ein paar Mal
hintereinander.

Frau Heinrich kommt auf sie zu.
Sofie ist es egal.
Ihre Wut ist wichtiger
als Frau Heinrich.
„Fluch doch nicht so, Sofie“,
sagt Frau Heinrich.
„Das ist hässlich.“

**„Aber die lassen mich
nicht mitspielen“,**
schreit Sofie.

„Dann musst du mit ihnen reden.“
„Das tu ich doch“, sagt Sofie.
„Nein, du brüllst und schimpfst.“
Sofie blinzelt Frau Heinrich nachdenklich an.
Auf einmal sagt sie ganz leise:

„Die blöden Hornochsen! Die blöden Hornochsen!“

Frau Heinrich schüttelt den Kopf.
„Dadurch wird es auch nicht besser.
Du fluchst noch immer.“
Sofie schüttelt den Kopf.
„Nein, das ist geflüchelt. Weil es leise ist.“
Frau Heinrich lacht. „Immer hast du Ausreden.“

Katja und Olli kommen angerannt.
Sie pusten und sind ganz außer Atem.
„Da sind die beiden ja. Jetzt musst du
nicht mehr schimpfen“, sagt Frau Heinrich.
„Aber vielleicht schimpfeln“, sagt Sofie.
Ganz schnell hält Frau Heinrich Sofie den Mund zu.

Peter Härtling

Peter Härtling
„Sofie macht Geschichten“

Ich bin der Arne

Ich bin der Arne.
Ich spiele gern Fußball.
Mal mit dem Ball, mal mit dem Stein.
Das ist mein rechter Schuh.
Aber ich helfe auch abtrocknen.

Wenn ich zur Schule gehe,
muss ich über die breite Straße.
Dort fahren Autos, Busse und Motorräder.

Es gibt an dieser Straße eine Ampel.
Wenn die Ampel rot leuchtet,
denke ich an eine rote Feuerwehr
und bleibe stehen.

Wenn die Ampel grün leuchtet,
fällt mir die Tanne im Park ein.
Ich warte bis die Straße frei ist,
dann gehe ich über die Straße.

Heute ist die Ampel kaputt.
Da hat es keinen Zweck an die Feuerwehr
und die Tanne zu denken.
Ich warte, bis kein Auto, kein Bus
und kein Motorrad mehr kommt.

Peter Abraham

Sie steht an der Straßenkreuzung,
hat drei Augen im Gesicht,
jeder muss sich nach ihr richten,
nur das Flugzeug braucht es nicht.

Gottfried Herold

Familiengeschichten

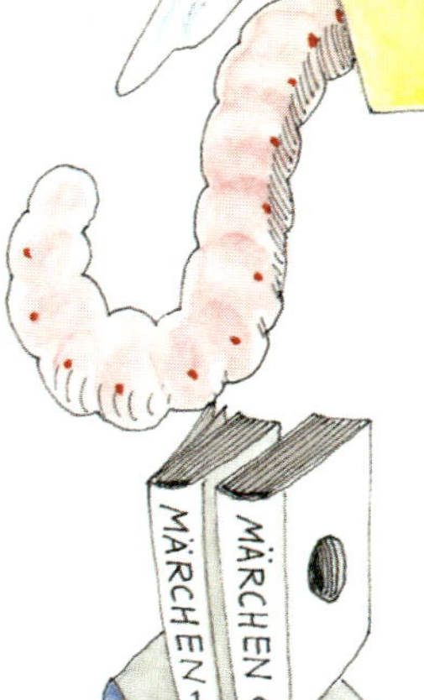

Steckbrief

Ich heiße so wie einer, der gern und viel liest.
Ich bin schon so alt wie das älteste Buch.
Zu meiner Familie gehören:
mein Vater, der Lexikonwurm,
mein Bruder, der Märchenbücherwurm,
meine Mutter, der Liederbücherwurm,
und meine Schwester, der Bilderbücherwurm.
Ich bin mal lang, mal kurz –
wie die Geschichten in den Büchern.
Meine Augenfarbe ist bunt wie die Welt.
Meine Lieblingsspeise ist Lesefutter.
Meine Lieblingsbeschäftigung ist es,
mich durch Bücher hin-durch-zu-fres-sen.

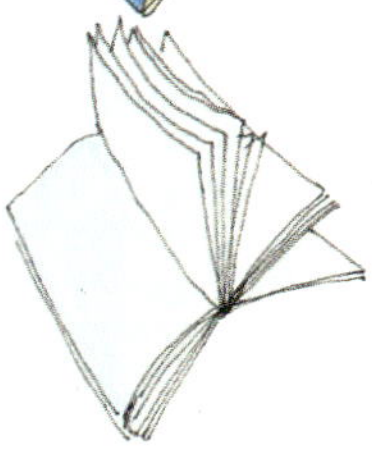

Meine Familie und ich

Das bin ich:

Zu meiner Familie gehören:

Wir sind zusammen:

2 6 75 4

Wir wohnen in:

Wenn wir auf Reisen gehen, dann am liebsten mit:

Meine Lieblingsbeschäftigung ist:

  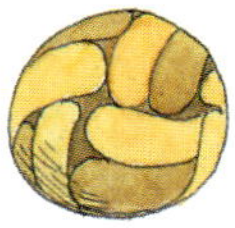 

Ich esse am liebsten:

  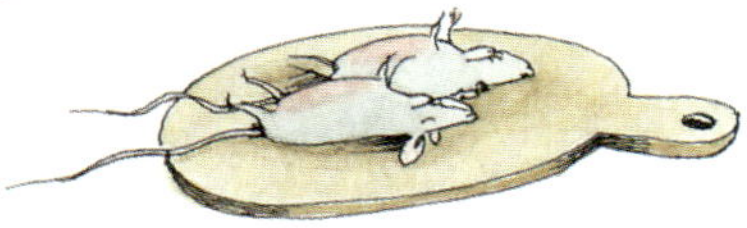 

Fritzens ganze Familie

Ich heiße Fritz,
Unser Hund heißt Spitz,
Miezevater unser Kater.
Papa heißt Papa;
Mama heißt Mama;
Meine Schwester heißt Ottilie:
Das ist unsere ganze Familie.
Wir hätten gern noch eine Kuh
Und ein Pferd dazu.

Emil Weber

Familien-Album

Anja hat sich ein Familien-Album angelegt:

Tim hat es so gemacht:

Nina hat so angefangen:

Lieblings-Bücher

Du kannst auch Lieblings-Bücher machen:

Auf die Rückseite kannst du schreiben und malen,
was du nicht magst.

Es waren einmal eine Mama und ein Papa

Morgens zum Beispiel wollten sie
nicht aufstehen
und nicht die Pantoffeln anziehen
und nicht ihre Zähne putzen
und nicht in die Küche gehen
und nicht das Frühstück machen.

Sie wollten liegen bleiben
und sich räkeln oder Bücher lesen
oder Höhlen unter der Bettdecke bauen
oder schlafen, schlafen, schlafen,
Stunde um Stunde,
den lieben langen Tag.

Also mussten Tim und Pella sie
aus dem Bett treiben,
ihnen die Pantoffeln an die Füße zerren,
jeder auf eine Leiter klettern
und Mama und Papa die Zähne putzen
und sie dann in die Küche schleppen,
damit es überhaupt was
zum Frühstück gab.
Uff, das war eine Arbeit!

Siv Widerberg

Siv Widerberg
„Es waren einmal
eine Mama
und ein Papa“

Die Sonntagmorgenmeise

Die Meise hat aufs Dach gepickt.
  So?
Die Meise hat mich wach gepickt.
  Und dann?
Dann habe ich mich wach geblickt.
  Und nun?
Nun bin ich hier.
  Was wirst du tun?
Darf ich ins Bett zu dir?

Reiner Kunze

Erwachsene dürfen wohl alles?

Tüftelchen steht im Badezimmer und lässt warmes Wasser über die lange Hose laufen. Das Mädchen ist von oben bis unten mit Dreck bespritzt. Tüftelchen trägt Tränenspuren im Gesicht. Die Mutter hat die schmutzige Hose gesehen und losgeschimpft ohne zu fragen, woher die Schlammspritzer sind. Mutter zankt selten, deshalb war das Mädchen so erschrocken. Ob es Ärger gegeben hat in der Bibliothek, wo Mutter arbeitet?
Tüftelchen reibt den Schmutz von den Hosenbeinen; eine schlubberige Brühe läuft in die Badewanne. Mutter kommt dazu und fragt: „Wie konntest du dich bloß so schmutzig machen?“
Tüftelchen antwortet: „Erwachsene dürfen wohl alles; Kinder bespritzen, auslachen, beschimpfen …“
„Wie meinst du das?“, will die Mutter wissen.
„Na ja“, sagt Tüftelchen; „der Autofahrer bespritzt mich, lacht mich noch aus und du schimpfst.“

Werner Lindemann

Rabengeschichte

Es waren einmal fünf Rabenkinder,
die hatten einen Rabenvater
und eine Rabenmutter.

Sie waren eine glückliche Familie.

Georg Bydlinski

Wir nennen Menscheneltern, die ihre Kinder nicht lieb haben und schlecht versorgen, „Rabeneltern“. Die wirklichen Raben sind aber meistens sehr gute Eltern für ihre Rabenkinder.

Laura weiß was Wichtiges

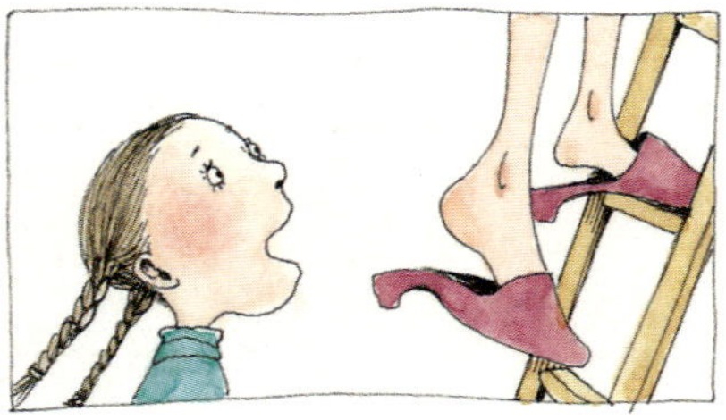

Laura läuft zu ihrer Mama:
„Ich muss dir was Wichtiges sagen!“
„Später, Schatz!“, sagt Mama.
Sie sucht gerade nach einem Buch
und steht auf der Leiter. „Geh zu Papa!“

Laura läuft zu Papa:
„Ich muss dir was Wichtiges sagen!“
„Später, Spatz!“, sagt Papa.
Er sitzt gerade in der Badewanne
und wäscht sich den Kopf. „Geh zu Oma!“

Laura läuft zu Oma:
„Ich muss dir was Wichtiges sagen!“
„Später, mein Liebling!“, sagt Oma.
Ihr ist gerade am Strickstrumpf
eine Masche runtergefallen. „Geh zu Opa!“

Laura läuft zu Opa:
„Ich muss dir was Wichtiges sagen!“
„Später, mein Goldkind!“, sagt Opa.
Er sitzt im Ohrensessel und liest die Zeitung.
„Geh doch zu Katrin!“

Laura läuft zu ihrer Schwester:
„Ich muss dir was Wichtiges sagen!“
„Verschwinde! Du störst!“, zischt Katrin.
Sie telefoniert gerade mit ihrem Freund.
„Geh doch zu Moritz!“

Laura läuft zu ihrem Bruder:
„Ich muss dir was Wichtiges sagen!"
„Lass mich in Ruhe!", knurrt Moritz.
Er repariert gerade sein Fahrrad
und sucht nach einer Schraube.

Laura läuft in ihr Zimmer und holt ihre
Trompete. Sie stellt sich auf die Treppe
und bläst, dass die Wände wackeln.

Da kommen sie alle gelaufen:
Mama mit dem Buch,
Papa mit Schaum auf dem Kopf,
Oma mit dem Strickstrumpf,
Opa mit der Zeitung.
Sogar Katrin und Moritz tauchen auf.

„Spinnst du?", ruft Katrin.
„Du Nervensäge!", knurrt Moritz.
„Was ist denn los?", fragt Mama.
„Überschwemmung in der Küche!", sagt Laura.
„Das Wasser läuft aus der Spülmaschine."
„Warum hast du das denn nicht gleich gesagt!",
rufen alle im Chor.

Rosemarie Künzler-Behncke

Beim Heulen zu sagen

Ich bin so u-hu-hunglücklich
und weine, weil ich wa-ha-hein!
Und ka-ha-heiner so-holl mich
jetzt trösten, na-ha-hei-hi-hin!!!
Ich will – buhu! –
ich will – hawu! –
will bö-hö-hö-hös sa-ha-hein!

Ich bin so u-hu-hunglücklich,
weiß selber nicht waru-hu-hum!
Ich gla-hu-hub, heut nehm' i-hich
das ganze Leben kru-hu-humm!
Mein Kum-huhu!-mer ist – hawu! –
mir selber bald zu du-hu-humm!

Michael Ende

Es war ein kleiner Junge

Es war ein kleiner Junge,
Der war ein nettes Kind,
Der war mal brav, mal böse,
So wie halt Jungen sind.

Der hatte blonde Haare,
Die waren nie gekämmt,
Und eine rote Hose
Und ein gestreiftes Hemd.

Und eine kleine Nase
Und einen großen Mund
Und manchmal fuhr er Roller
Und hatte einen Hund.

Er war mal brav, mal böse,
So wie halt Jungen sind.
Und seine Mama sagte,
Auch wenn sie niemand fragte:
Er ist ein nettes Kind.

Peter Hacks

Geburtstag

Wenn jeden Tag Geburtstag wär,
Anstatt einmal im Jahr,
Bekämst du täglich ein Geschenk.
Wär das nicht wunderbar?
Denk nur, wie groß du dann schon wärst!
Wär das kein Riesenglück?
Wenn jeden Tag Geburtstag wär,
Ich glaub, das wär verrückt!

Mary Ann Hobermann

Das geheimnisvolle Geschenk

Nina hatte Otto zum Geburtstag einen Suppenteller
mit feuchter Watte geschenkt.
Auf der Watte lagen ein paar Krümel.
Otto zog ein langes Gesicht. Aber Nina tat geheimnisvoll:
„Das ist ein Zauberteller. Stelle ihn ans Fenster
und warte einige Tage. Dann geschieht etwas Geheimnisvolles."
Und richtig, nach ein paar Tagen begannen die Krümel
sich zu verändern. Sie wuchsen und wurden grün.
Die geheimnisvollen Krümel waren Kressesamen.

Ich gratuliere – ich danke – ich lade ein

Liebe Oma,
ich danke dir für das
Geburtstagspäckchen.
Schade, dass du nicht
mit uns feiern konntest.
Vielleicht klappt es
im nächsten Jahr?
Liebe Grüße
sendet dir dein Tom

Das war mein Geburtstags-
kuchen mit der Kerze.
Hasso hat auch ein Stück
abbekommen.

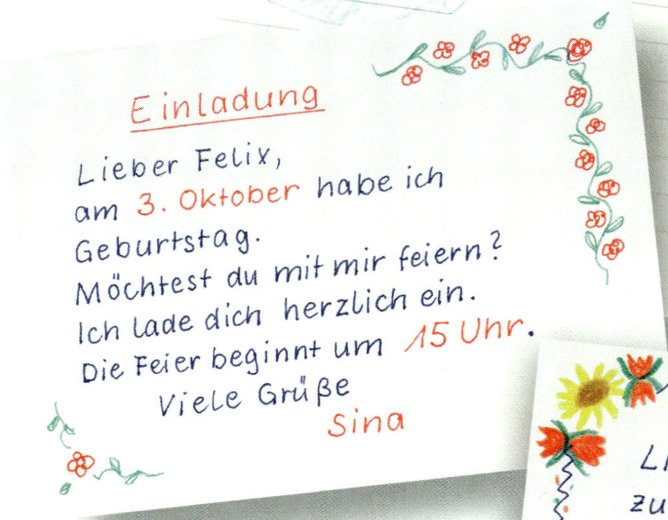

Einladung

Lieber Felix,
am 3. Oktober habe ich
Geburtstag.
Möchtest du mit mir feiern?
Ich lade dich herzlich ein.
Die Feier beginnt um 15 Uhr.
Viele Grüße
Sina

Liebe **Maria**,
zu **deinem Geburtstag**
gratuliere ich dir herzlich.
Ich wünsche dir alles Gute
und viel Glück und dass du
immer so viel lachst.
Dein Freund
Marco

Zehn in einem Bett

Dies ist ein altes englisches Gedicht. Du kannst es nachsprechen und, wenn du dir die Zeichnungen genau anschaust, dazu mit den Fingern die gezeichneten Bewegungen machen.

Zehn lagen tief in den Kissen, 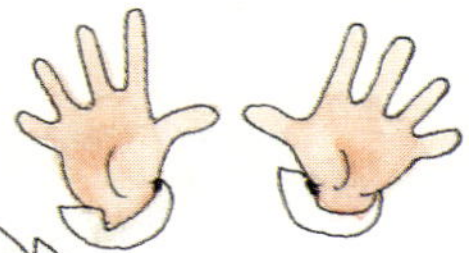 da ließ der Kleinste wissen:
„Alle Mann umdrehn!“ 
Alle drehten sich um und einer fiel raus.  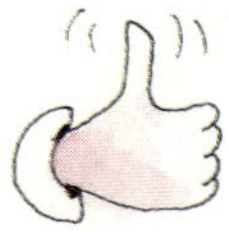

Neun lagen tief in den Kissen, 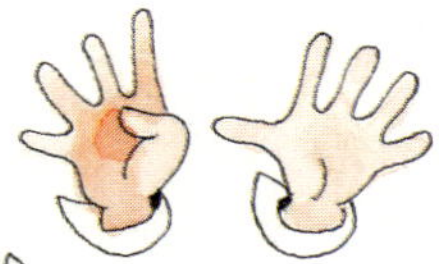 da ließ der Kleinste wissen:
„Alle Mann umdrehn!“ 
Alle drehten sich um und einer fiel raus.  

Acht lagen tief in den Kissen, 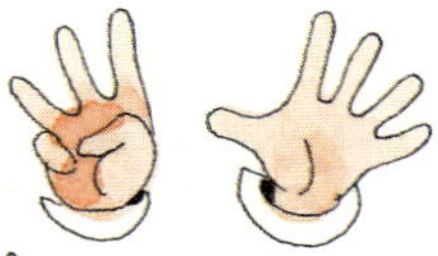 da ließ der Kleinste wissen:
„Alle Mann umdrehn!“ 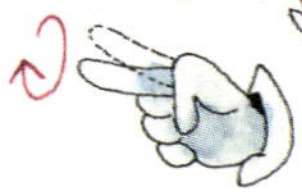
Alle drehten sich um und einer fiel raus.  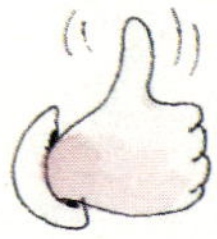

Sieben lagen tief in den Kissen, 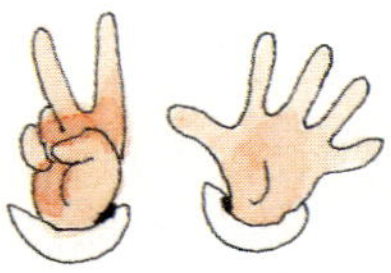 da ließ der Kleinste wissen:
„Alle Mann umdrehn!“ 
Alle drehten sich um und einer fiel raus.  

...

Noch einer lag jetzt tief im Kissen,  da ließ der Kleinste wissen:
„Gute Nacht!“

Du und ich und wir

Jeder Zeit

Komm mich mal besuchen,
ich back dir einen Kuchen,
ich zeig dir meinen Leberfleck
und puste deine Sorgen weg.

So wie du bist,
lass ich dich sein,
und klopfst du an,
lass ich dich ein.

Jürgen Spohn

Sabine

Wenn Sabine Hunger hat,
dann sagt sie:
Ich habe Hunger.
Wenn Sabine Durst hat,
dann sagt sie:
Ich habe Durst.
Wenn Sabine Bauchweh hat,
dann sagt sie:
Ich habe Bauchweh.
Dann bekommt sie zu essen,
zu trinken und auch
eine Wärmflasche auf den Bauch.

Und wenn Sabine Angst hat,
dann sagt sie nichts.
Und wenn Sabine traurig ist,
dann sagt sie nichts.
Und wenn Sabine böse ist,
dann sagt sie nichts.
Niemand weiß,
warum Sabine Angst hat.
Niemand weiß,
warum Sabine traurig ist.
Niemand weiß,
warum Sabine böse ist.
Niemand kann Sabine verstehen
und niemand kann Sabine helfen,
weil Sabine
nicht über Sabine spricht.

Marianne Kreft

Wenn du glücklich bist

1. Wenn du glücklich bist,
dann klatsche in die Hand: (klatschen).
Zeig mir, wenn du glücklich bist,
wie dir so zumute ist.
Wenn du glücklich bist,
dann klatsche in die Hand: (klatschen).

2. Wenn du wütend bist,
dann stampfe mit dem Fuß: (stampfen).
Zeig mir, wenn du wütend bist,
wie dir so zumute ist.
Wenn du wütend bist,
stampfe mit dem Fuß: (stampfen).

3. Wenn du traurig bist,
dann seufze doch einmal: (seufzen).
Zeig mir, wenn du traurig bist,
wie dir so zumute ist.
Wenn du traurig bist,
dann seufze doch einmal: (seufzen).

4. Wenn du mich gern hast,
gib mir einen Kuss: (schmatzen).
Zeig mir ...

5. Wenn du bei mir bist,
dann zeig mir, wie's dir geht:
(klatschen, stampfen, seufzen, schmatzen).
Zeig mir ...

Gerhard Schöne

Gerhard Schöne
„Das Auto
von Lucio"

Angst, geh weg!

Ich kenne einen tollen Spruch.
Den sag ich immer dann,
wenn ich mal richtig ängstlich bin.
Hör dir den Spruch mal an:

Grusel, Grusel
Furcht und Schreck
Angst verschwinde
Angst geh weg!

Knister

„Knisters
Lach- und
Machgedichte“

Angst

„Die Äpfel sind reif!“, sagt Franz.
„Bei Bauers, die schmecken am besten!“
„Au ja, lass uns Äpfel klauen“, sagt Anne.
Sie steigen vorsichtig über einen
Stacheldraht-Zaun.
Franz klettert auf einen Apfelbaum und
schüttelt den Ast. Anne klaubt die Äpfel auf.
Plötzlich kommt ein Traktor den Feldweg
entlang gerattert. Der Bauer!
Anne lässt die Äpfel fallen und rennt los.
Der Stacheldraht reißt ihr die Hand auf,
aber sie bemerkt den Schmerz kaum.
Sie läuft in das kleine Wäldchen.
Als das Seitenstechen zu stark wird,
wirft sie sich hinter ein Gebüsch auf den Boden.
Sie riecht die modrige Walderde.
Sie hat Angst. Wenn das die Eltern erfahren!
Der Bauer hat Franz erwischt.
Anne kann hören, wie er laut heult.
„Bitte, lieber Gott“, bittet Anne,
„mach, dass Franz nicht petzt.“
Sie schwitzt und friert gleichzeitig.
Nach einer Weile wagt sie sich
aus ihrem Versteck. Niemand
zu sehen. Sie geht nach Hause.
Seitdem, immer wenn Anne Angst
bekommt, steigt ihr der Geruch
nach modriger Walderde
in die Nase.

Sara Krüger

Der schreckliche Hund

Ein Junge hatte große Angst vor einem Hund. Jedesmal,
wenn er an dem Haus vorbeigehen musste, stürzte der Hund
an den Zaun, sprang hoch, bellte und fletschte die Zähne.
Erst wünschte sich der Junge, dass er ein Ritter wäre mit einer
dicken eisernen Rüstung und einem langen scharfen Schwert.
Oder ein gewaltiger Riese mit Bärenkräften.
Dann hätte der Hund Angst vor ihm.
Aber dann erzählte er doch einmal seiner Mutter von dem Hund.
Sie nahm ihn an die Hand und ging mit ihm zu der Frau,
welcher der Hund gehörte.
Die Mutter des Jungen und die Frau sprachen miteinander.
Dann holte die Frau ihren Hund. Sie streichelte den Jungen
und der Hund beschnüffelte ihn. Der Junge sah dem Hund
in die Augen. Sie waren braun und freundlich.
Wenn der Junge jetzt an dem Haus vorbeigeht,
kommt der Hund und wedelt mit dem Schwanz.
Und manchmal streichelt der Junge den Hund sogar.

Winfried Wolf

Gute Freunde

Er läuft mit mir,
Er springt mit mir,
Treibt's manchmal auch recht bunt.
Er ist das allerschönste Tier,
Es ist mein kleiner Hund.

Fisher-Price

Weinen und Lachen

In einer Schüssel lagen
eine Karotte und zwei Mandarinen,
eine Banane und vier Rosinen.
Ein Weinen war das, ein Klagen,
nicht zu ertragen!

Was ist da zu tun?
Was machen wir?
Die vier Rosinen verspeisen wir.
Die Banane legen wir so.
Ja du, jetzt schaust du froh!

Josef Guggenmos

Wie fühlt sich wohl unser Bücherwurm
auf den verschiedenen Bildern?

Werkstatt

Auch du kannst Gefühle ausdrücken.
Versuche traurig, freudig, wütend oder ängstlich auszusehen.
Schau in den Spiegel und beobachte,
wie dein Gesicht sich verändert.

- ☐ Stell dir vor, du bist ein Seiltänzer!
  Versuche es vorzuspielen!
  Wenn du dabei nicht sprichst, nennt man das Pantomime.

- ☐ Stell dir vor, du kannst deine Mathematikaufgabe nicht lösen!
- ☐ Stell dir vor, du hast dich in den Finger geschnitten!
- ☐ Stell dir vor, du findest einen 100-DM-Schein!

Spaß macht es, wenn die anderen erraten, was du darstellst.
Ihr könnt auch Ideenkarten anfertigen und sie verteilen.

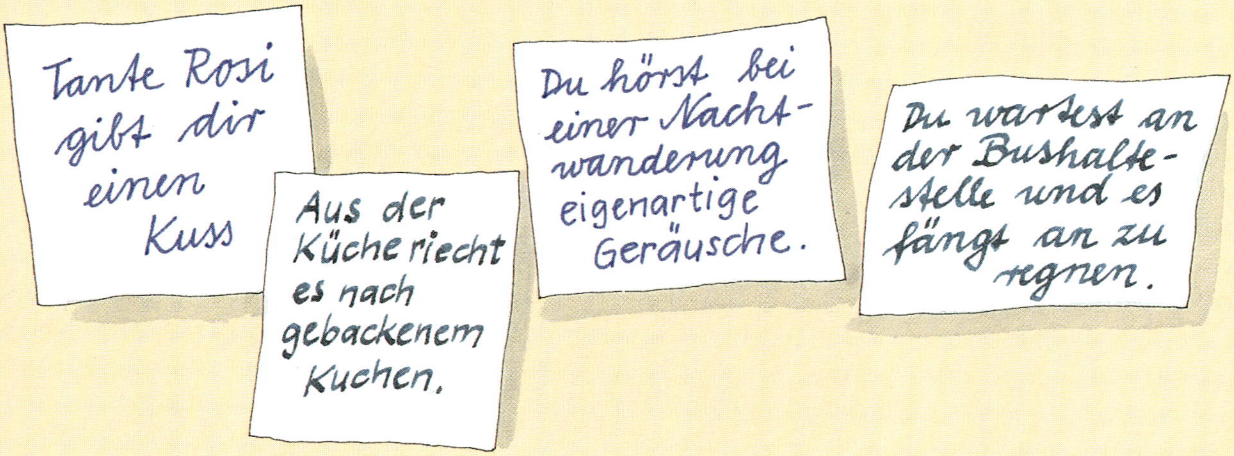

Ratschlag

Personen: Mutter, Sohn
Spielanleitung: Auf der Bühne stehen ein Tisch und zwei Stühle.
Die Mutter sitzt am Tisch und trinkt Kaffee.

SOHN: *(Kommt auf die Bühne, er hält sich die Hand vor ein Auge.)*
Hallo, Mama!
MUTTER: Hallo, Klaus, na wie war es denn draußen?
Habt ihr schön gespielt? *(Schaut ihn an.)*
Was ist das denn? Warum hältst du dir denn das Auge zu?
SOHN: Ach, nichts.
MUTTER: Dann nimm mal die Hand da weg.
SOHN: *(Nimmt die Hand vom Auge. Ein blaues Auge wird sichtbar.)*
MUTTER: *(entsetzt)* Was ist das denn wieder?
SOHN: Ach, nichts.
MUTTER: Nichts! Ein blaues Auge nennst du nichts!
Hast du dich etwa wieder geprügelt?
SOHN: Ja aber …
MUTTER: Nichts. Aber. Ich habe dir doch wohl schon oft genug gesagt, du sollst ruhig bleiben. Und du sollst erst bis zehn zählen, wenn du merkst, dass du die Geduld verlierst.
SOHN: Ja, aber das habe ich doch auch getan. Nur die Mutter von dem anderen Jungen hat ihm gesagt, er solle nur bis fünf zählen. *(Vorhang)*

Holger Jung

Warum sich Raben streiten

Weißt du, warum sich Raben streiten?
Um Würmer und Körner und Kleinigkeiten,

um Schneckenhäuser und Blätter und Blumen
und Kuchenkrümel und Käsekrumen

und darum, wer recht hat und unrecht, und dann
auch darum, wer schöner singen kann.

Mitunter streiten sich Raben wie toll
darum, wer was tun und lassen soll,

und darum, wer erster ist, letzter und zweiter
und dritter und vierter und so weiter.

Raben streiten um jeden Mist.
Und wenn der Streit mal zu Ende ist,

weißt du, was Raben dann sagen?
Komm, wir wollen uns wieder vertragen!

Frantz Wittkamp

Kerli

Jans erster Freund hier ist Kerli und Kerli
weiß schon fast alles über Jan:
wie er mit seinen Eltern aus Rumänien geflohen ist,
wie er in diese Stadt gekommen ist
und warum Jan eine fremde Sprache spricht.
Das alles hat Jan Kerli erzählt und der
hat es gut verstanden, trotz der fremden Sprache.
Kerli ist nämlich ein Hund, ein zotteliger,
gemütlicher Hirtenhund, den alle im Stadtviertel
kennen und mögen.
Kerli macht seine Spaziergänge immer alleine.
Jeden Tag trottet er durch die Talstraße
über den Markt zum Spielplatz.
Dort findet er meist jemanden zum Spielen.
Kerli spielt nämlich schrecklich gerne Ball
und am liebsten natürlich mit Kindern.
Jan spielt auch gerne Ball
und am liebsten natürlich auch mit Kindern
und am allerliebsten würde er mit Kerli und
den Kindern hier auf dem Spielplatz Ball spielen.
Ja, das würde er am allerliebsten tun,
aber er traut sich nicht.

„Ich spreche so schlecht deutsch“, erklärt er Kerli,
„und dann sagen sie bestimmt
‘dummer Ausländer’ zu mir ...“
So sitzt Jan alleine auf der Mauer hinter dem Spielplatz,
sieht den anderen Kindern beim Spielen zu
und ist traurig.
Und wenn Kerli vom Ballspielen müde ist,
legt er sich zu Jan und leistet ihm Gesellschaft
beim Traurigsein.
„Weißt du, Kerli“, sagt Jan, „eigentlich verstehe ich alles,
denn meine Großeltern haben daheim
immer deutsch gesprochen.
Wenn ich es doch nur auch sprechen könnte ...!
Wenigstens du verstehst mich – und dabei
kannst du ja auch nicht sprechen. Komisch, nicht?“
Ja, das ist komisch.
Kerli sieht Jan mit großen Augen an
und da muss Jan doch lachen.
So geht das eine ganze Weile.
Jan wohnt nun schon drei Wochen hier
und noch immer sieht er den Kindern beim Spielen zu.
Und dabei würde er so gerne mitspielen!

Jan seufzt. 'Ach, wenn ich doch nur ...', denkt er.
Doch was ist das? Da kommt ja Kerli angesaust!
Er hat den Ball im Maul.
„Kerli", schreien die Kinder. „Kerliii! Komm zurück!"
Kerli denkt gar nicht daran.
Wie der Blitz rast er zu Jan. „Kerliiii!!!"
„Ja, Kerli", sagt Jan, „hörst du sie nicht rufen?
Los, lauf zurück! Bring ihnen den Ball!"
Kerli sieht Jan mit großen Augen an.
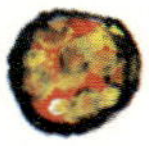
Dann lässt er den Ball fallen, genau vor Jans Füße.
„Hmmm!" Unentschlossen sieht Jan auf den Ball.
Ob er ...?
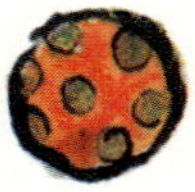
Da läuft Kerli auch schon ein paar Meter zurück,
dreht sich um und sieht Jan an, als wolle er sagen:
'Los, wirf doch!'
„Los, wirf doch!", ruft da eines der Kinder
vom Spielplatz.

Jan zögert. Ob die ihn meinen?
„Na, los!", ruft es schon wieder.
„Oder magst du nicht mitspielen?"
Jan sieht noch einmal zu den Kindern,
die da stehen und warten, auf ihn, auf sein Spiel!

„Ja", ruft er dann zurück, „aber jaaaaa!!!"
Er nimmt den Ball und wirft ihn so weit er kann
den Kindern zu.
Kerli saust wie eine Rakete hinterher.

„Guter Wurf", ruft eines der Kinder und schon
kommt der Ball – und Kerli hinterher – wieder
zu Jan zurück. Schnell gibt Jan ab und auch Kerli
rast wieder los, dem Ball hinterher, zum Spielplatz,
und Jan folgt ihm mit klopfendem Herzen.

Elke Bräunling

Kemal

Kemal, mein Freund,
das ist einer!
Was der kann,
kann keiner.
Deutsch spricht er nicht viel.
Aber beim Fußballspiel.
Linksaußen.
Rechtsaußen.
Torwart, o Mann!
Es gibt keinen,
der das kann:
Kemal spricht
mit den Beinen.

Lisa-Marie Blum

Liebe

Wir haben eine Neue in der Klasse.
Manchmal lacht sie mich so an.
Dann wird mir immer ganz komisch.
Aber das Komische ist schön.
Es kribbelt überall
und meine Ohren werden ganz warm.
Sie lacht wunderbar.
Ihr ganzes Gesicht lacht.
Der Mund lacht, die Augen lachen,
die Grübchen lachen.
Sogar die Nase lacht ein bisschen.
Jetzt kann ich sogar unseren Lehrer leiden.
Ich möchte nur wissen, woher das kommt.

Wolfgang Fischbach

Ein Gespenst

hat an die Wand
geschrieben:

Ruth und Peter
lieben sich.

Ihr ärgert euch?
Seid doch gescheit!
Das Gespenst heißt:

NEID.

Walter Petri

Stefan

Stefan sitzt in der Bank neben Melanie.
Alle anderen Jungen sitzen neben Jungen.
Nur Stefan sitzt neben einem Mädchen.
Er sitzt gern neben Melanie.
Die Jungen hänseln sie. Auch die Mädchen hänseln sie.
Sie sagen: Stefan ist verliebt in Melanie!
Oder: Melanie ist verliebt in Stefan.
Stefan wird rot und auch Melanie wird rot.
Sie getrauen sich gar nicht mehr miteinander zu sprechen.
Am liebsten möchte Stefan nicht mehr neben Melanie sitzen,
obwohl er sie mag.
Von wo wissen die, dass ich in Melanie verliebt bin, denkt Stefan.
Er selbst weiß nicht, ob er verliebt ist.
Er weiß überhaupt nicht, wie Verliebtsein ist.
Er fragt seine Mutter: Wie ist das, wenn man verliebt ist?
Es kribbelt im Bauch und rumort in der Herzgegend herum, sagt sie.
Mich sticht es in die Seite, sagt Stefan.
Das kommt nicht von der Liebe, das kommt vom Fußballspielen,
sagt die Mutter.
Diese Blödmänner, denkt Stefan, ich bin doch gar nicht
verliebt in Melanie! Ich mag sie! Und fertig!

Karin Gündisch

Freundschaftsband

Der besten Freundin
oder dem besten Freund möchtest du
bestimmt etwas ganz Persönliches schenken.
Wie wäre es mit einem geflochtenen Band,
das am Handgelenk getragen wird –
bis die Freundschaft in die Brüche geht?
Es wird aus Baumwolle oder Seide geflochten,
so dass es nass werden kann ohne zu verfilzen.
Du benötigst 7 bis 10 Fäden von etwa 1 m Länge in zwei
oder mehr Farben. Die Fäden werden etwa 5 cm vor dem
einen Ende verknotet. Diesen Knoten befestigst du mit einer
Sicherheitsnadel am Hosenbein, nahe dem Knie, so dass du
bequem im Sitzen flechten kannst. Dazu breitest du die
Fäden fächerförmig aus und „fädelst“ von Reihe zu Reihe
den äußersten rechten Faden nach links. Nach jeder
Reihe fest anziehen! Bei etwa 15 bis 17 cm Länge
– das hängt vom Umfang des Handgelenks ab –
wird die Arbeit mit einem Knoten beendet.
Die Fäden auch hier etwa 5 cm lang lassen.
Sie erleichtern das Befestigen
am Handgelenk und werden
anschließend gekürzt.

Brigitte Schuldt

Gesund bleiben – sich wohl fühlen

Ich freu mich

Ich freu mich, dass ich Augen hab,
die alles ringsum sehn.
Freu mich, dass ich Füße hab,
wohin ich will zu gehn.
Freu mich über meine Ohren,
dass ich die Vögel hören kann –
und zieht der Kuchenduft ins Zimmer,
wie freut mich meine Nase dann.

Die Hände greifen, was ich will,
die Finger halten selten still –
und meine Haare kitzeln mich
und was der Kopf denkt, spreche ich.

Lutz Rathenow

Das neue Spiel

Lirum, larum, Löffelstiel!
Passt auf, ich weiß ein neues Spiel!

Die Nase –
das ist ein Hase.

Die Ohren –
das sind zwei Mohren.

Das Kinn –
da wollen sie alle drei hin.

Jetzt fangen sie an zu laufen …
Sie können schon nicht mehr
schnaufen …

Die Nase ist immer vorn,
dahinter laufen die Mohr'n.

Die Augen aber lachen:
Was sind denn das für Sachen!

Was sind denn das für Faxen!
Ihr seid doch angewachsen!

Das wissen wir allein!
so schallt es von den drei'n.

Macht euch doch nicht so groß!
Wir spielen ja doch bloß! –

Lirum, larum, Löffelstiel!
Ei, ist das nicht ein feines Spiel?

Christian Morgenstern

Die Reise in den Kleiderschrank

Bist du schon einmal in den Kleiderschrank gereist? Nun, wenn nicht, dann versuch es doch einfach mal.

Nina jedenfalls hat es ausprobiert. Sie öffnete die Tür, machte einen Schritt in den Schrank hinein und hockte sich dort auf den Boden. Das heißt, dorthin, wo sie zwischen den Kleidern noch einen Platz fand. Dann machte sie die Tür zu.

Erst passierte gar nichts. Es war dunkel, eng und etwas stickig. Aber dann roch sie plötzlich Muttis Parfüm, das sie so sehr mochte – und auf einmal auch Vatis Zigaretten, ganz schwach nur, aber sie waren da. Und dann fühlte sie, dass sie direkt neben ihrem Wintermantel aus Teddyfell hockte, den sie zu Weihnachten bekommen hatte. Er strich ihr ganz weich über das Gesicht. Und jetzt bemerkte sie direkt daneben ihr weißes Sommerkleid. Ganz leicht, ganz kühl war es und knisterte, wenn sie genau hinhörte.

Rosemarie Beier

Zahnarzt Purzel

Ein Zahn ist locker.
Der Zahn ist locker und soll raus.
Aber wie?
Mit der Zunge?
Der Zahn zappelt, aber er hält fest.
Mama nimmt einen Faden.
Fritz zuckt zurück.
Papa will den Zahn anfassen.
Fritz zuckt zurück.

Er muss aber raus, der Zappelzahn.
Also gut, gehen wir zum Zahnarzt!
Purzel wedelt mit dem Schwanz.
Er darf mitkommen.
Fritz hält die Leine mit den Zähnen.
Er zieht den Mantel an.
Er setzt die Kapuze auf.
Er knöpft den Mantel zu.

Purzel zieht an der Leine.
Ruck, zuck!
Der Zahn ist raus.
Ach, Purzel, wie gut!

Ute Andresen

Der Mund

Im Mund sind Zähne
(die beißen in Würste) –
sie brauchen morgens und abends:
die Zahnpasta-Bürste.

Der Mund sagt ja
oder er verneint.
Und er verzieht sich,
wenn man weint.

Der Mund
ist rund.
Er lacht
und sagt,
was der Kopf gedacht.

Fred Rodrian

Warum fallen uns die Milchzähne aus?

Jedem Menschen wachsen zweimal in seinem Leben Zähne. Als du ein Baby warst, hatten die Milchzähne gerade die richtige Größe für dich.
Wenn du größer wirst, dann wachsen diese Zähne nicht mit. Aber unter deinen Milchzähnen haben sich schon neue entwickelt.
Diese neuen, größeren Zähne schieben die Milchzähne weg, die dann ausfallen. Deine neuen Zähne behältst du lange Zeit.

Fisher-Price

Groß werden

Ab und zu müssen sich Anna und Jan mit ihrem Kopf gegen den Türpfosten stellen und dann malt Mama einen Strich darauf. Nein, nicht auf den Kopf, sondern auf den Türpfosten natürlich.
„Oh, guck mal“, ruft sie dann. „Ihr seid ja schon wieder gewachsen. Geht das schnell. Ihr werdet aber groß!“

Anna findet Wachsen toll, aber Jan nicht. Er bleibt ja doch kleiner als Anna, so viel er auch isst. Heute guckt Mama auch, ob sie gewachsen sind. Anna ist schon wieder zwei Zentimeter größer geworden.

„Ich bin schon einen Kopf größer als du“, sagt sie zu Jan.
Mama guckt Jan an.
„Nicht böse werden, hörst du?“, sagt sie.
Aber Jan wird ganz und gar nicht böse.
Er nimmt einen Stuhl und schiebt ihn an den Türpfosten.
Dann klettert er auf den Stuhl und sagt:
„Und jetzt einen Strich machen.“
Mama macht einen Strich.
Der ist ganz hoch oben.
„Das ist gemein!“, ruft Anna.
„Ich bin wirklich einen Kopf größer als du.“
„Und ich bin eben einen Stuhl größer als du“, sagt Jan und dann streckt er Anna die Zunge raus und läuft schnell weg.

Dolf Verroen

Ätsch

Jule wird bald sieben Jahre alt.
Ihr Bruder Simon wird bald neun.

Simon ist einen halben Kopf größer als Jule.
Aber er ist nicht schlauer als sie.

Simon pfeift auf zwei Fingern. Ganz laut.
Jule zuckt zusammen.

„Tja, Jule“, sagt Simon, „so etwas kannst du nicht.
Dafür bist du noch zu klein.“

„Angeber“, sagt Jule und pfeift durch ihre Zahnlücke.
Ganz leise. Ganz schön!

Simon hat keine Zahnlücke mehr. Keine einzige.
„Ätsch!“, sagt Jule. „Dafür bist du zu groß.“

Anne Steinwart

Der Unterschied

A
L
E
X
A
N   O
D   L
R   A
A ist größer als F

Angelika Ehret

Wasser ist nass

Wenn Riesen niesen

Sieben Riesen,
die mit bloßen Füßen
über nasse Wiesen liefen,
niesten mit ihren Riesennasen so laut,
dass von diesem Riesenniesen
sieben Wieselkinder,
die in tiefen Zimmern schliefen,
aufwachten und „Gsundheit!“ riefen.

Josef Guggenmos

Schnupfengedicht

Komm, kleiner Hase,
ich putz dir die Nase!
Schenk mir deinen Schnupfen –
dann darfst du wieder hupfen.

Friedl Hofbauer/Anna Melach

Die Brummels

Von Hanne Türk
und Norbert Landa

Paul Brummel spielt krank

1. „Pssst! Kasperle ist krank!“, sagt Susi Brummel. „Woher weißt du denn das?“, fragt Paul Brummel.

2. „Weil er so schlapp herumliegt“, sagt Susi.
„Wir müssen ihn wieder gesund machen. Opa Brummel muss uns helfen!“

3. Opa Brummel liest Kasperle eine Geschichte vor. Und noch eine. Und alle bekommen einen Schokokeks. Und noch einen. „Kasperle ist wieder gesund“, sagt Opa. „Jetzt ist Schluss.“

4. Da hat Paul eine Idee.
Er legt sich flach auf den Boden.

5. „Paul ist krank!“, ruft Susi. „Er liegt schlapp herum und sagt gar nichts! Wir müssen ihn wieder gesund machen!“

6. „Soso“, sagt Opa Brummel. „Dann braucht er Ruhe. Wir dürfen nicht mit ihm sprechen. Und ich bringe ihm heißen Tee und Zwieback.“

7. „Ich will aber keinen Zwieback!“, sagt Paul und springt auf.
„Siehst du“, ruft Opa Brummel.
„Heißer Tee und Zwieback helfen sofort.“

Daniel im Pech

Ich bin Daniel. Eigentlich könnte ich Pechvogel heißen.
Dabei hatte ich mich gestern so auf Sport gefreut,
endlich mal wieder so richtig austoben!
Und dann war es passiert, abgerutscht von der Sprossenwand.
Mein Arm tat mir furchtbar weh. Muttis Blick beim Abholen auch:
Schon wieder was passiert! Ich bin eben ein richtiger Pechvogel.
Komisch war es schon mit dem Gips, aber zu ertragen.
Viel schlimmer wurde es, als meine Lehrerin den Gipsarm sah.
Sie schmunzelte und meinte: „Da hast du auch noch Pech gehabt,
dass es der rechte Arm ist."
Warum sie dabei schmunzelte?
Weil ich im Unterricht nun trotzdem alles mitschreiben muss.
Ich bin nämlich Linkshänder. Und eben ein richtiger Pechvogel.

Fünf Pechvögel

Fünf Pechvögel hocken auf einem Baum
und träumen einen Pechvogeltraum.
Dem ersten tut der Schnabel weh,
dem zweiten zwickt's am großen Zeh,
der dritte hat das Bein gebrochen,
den vierten hat ein Zeck gestochen,
der fünfte wacht auf – und purzelt vom Baum.
Da ist er vorbei, der Pechvogeltraum.

Dorothée Kreusch-Jacob

Bild

Mal ein kleines Dreieck Schwarz
Auf die große Fläche Grün
In der so wie hingestreut
Viele weiße Punkte blühen.

Ist dir das recht gut geglückt
Siehst du, wie auf einem Rasen
Zwischen lauter Gänseblümchen
Ungestört ein Star frühstückt.

Dieter Mucke

Meike ist blind

Der Wecker klingelt.
Wie spät ist es?
Meike öffnet die Augen.
Aber sie kann trotzdem nichts sehen.
Meike ist blind.
Mit den Fingern tastet sie den Wecker ab.
Er hat kein Glas vor dem Zifferblatt.
Das ist nämlich ein Wecker für Blinde.
Meike *fühlt,* wie spät es ist.
Ja. Tatsächlich: Höchste Zeit zum Aufstehen.

Meike geht schon zur Schule.
In eine Schule für Blinde.
Sie schreibt mit einer Maschine.
Die macht Buchstaben zum Fühlen.
Das sind lauter kleine Hubbel,
die du mit den Fingern lesen kannst.
Diese Blindenschrift heißt Braille,
wie der Mann, der sie erfunden hat.

Meike hat ihre Aufgaben fertig.
Jetzt kann sie tun, was sie möchte.
Ihr Freund spielt.
Und was macht Meike?
Sie hat Lust auf ein Buch.
Jemand hat das Buch auf Band gesprochen.
Meike holt sich den Kassettenrecorder
und hört ihr Buch.

Der Guckkasten
„Blind sein“

ABC für Blinde

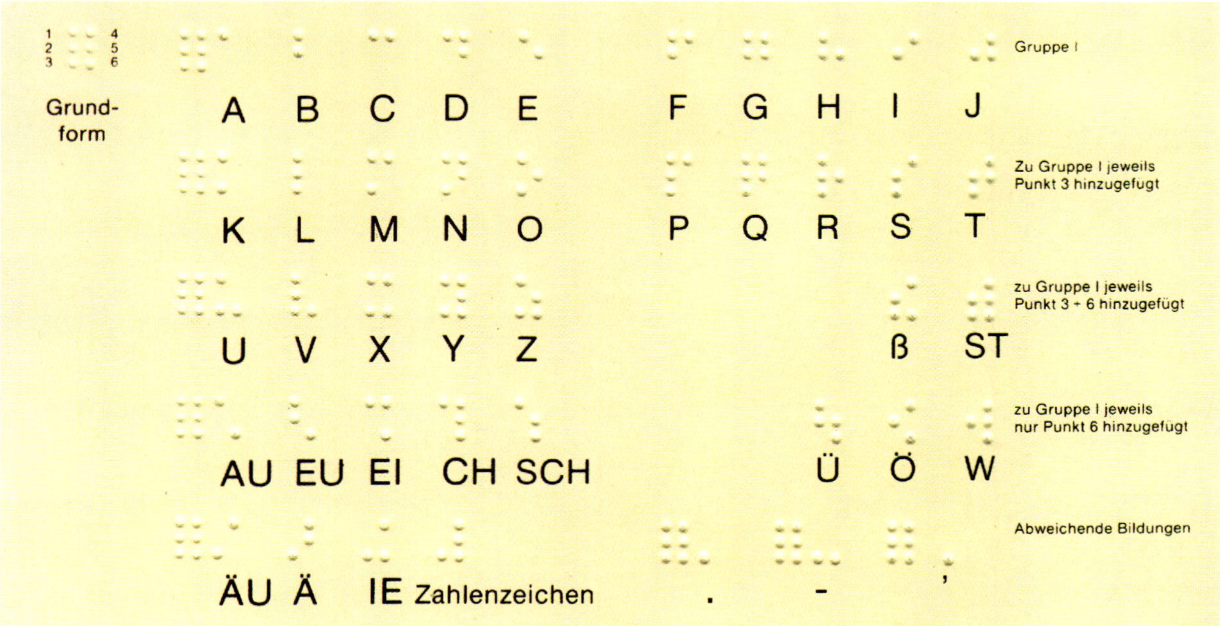

Mit Augen, Ohren, Mund, Nase, Händen und Füßen

Was Hände können

Meine Hand kann Wirbel schlagen.
Meine Hand kann Wasser tragen.
Meine Hand kann Strudel drehen.
Meine Hand kann tauchen gehen.
Meine Hand kann Tropfen spritzen.
Meine Hand kann Furchen ritzen.
Meine Hand kann trocken reiben.
Meine Hand kann Wellen treiben.

Cornelia Nitsch

 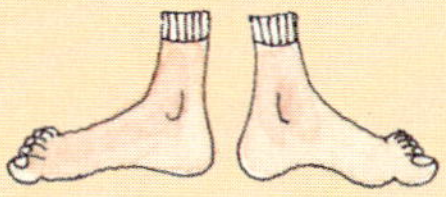   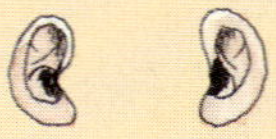

Mein Mund kann	Meine Füße können			
Pusteblumen leerblasen	stampfen			
Papa küssen	schleichen			
ein Lächeln schenken	strampeln			
pfeifen	springen			

Pfeifen geht so:

Du machst ein O mit deinen Lippen.
Die Zungenspitze drückst du gegen die unteren Zähne.
Dann versuchst du den Wind nachzumachen: Fiju-fiju-fiju.
Hats geklappt?

Die Erde ist unser Haus

Bitte

Menschen, liebe Menschen,
lasst die Erde stehn.
Schaut, sie ist so wunder-,
wunder-, wunderschön.

Viktoria Ruika-Franz

Rätsel

Was blüht im Frühling silbergrau,
so weich wie Wuschelkätzchen?
Es schnurrt doch nicht,
es mauzt doch nicht,
hat keine Krallentätzchen?

Ursula Sturm

Ein grünes Blatt

Ein Blatt aus sommerlichen Tagen,
ich nahm es so im Wandern mit,
auf dass es einst mir möge sagen,
wie laut die Nachtigall geschlagen,
wie grün der Wald, den ich durchschritt.

Theodor Storm

Herbstbaum

Im September hängt
die Eberesche
in ihre Zweige
die rote Wäsche.

Mit Blütenschaum
hat sie gewaschen.
Jetzt kommen Vögel
und naschen.

Der Baum lächelt,
die Blätter schweben.
Für alle reicht es,
die leben.

Axel Schulze

Naturwunder

Im Sommer, wenn die Sonne sticht,
ist er bekleidet, dick und dicht.
Im Winter, wenn die Kälte zwackt,
dann steht der Gute splitternackt.

Bernd Lunghard

Die zwei Wurzeln

Zwei Tannenwurzeln groß und alt
unterhalten sich im Wald.

Was droben in den Wipfeln rauscht,
das wird hier unten ausgetauscht.

Ein altes Eichhorn sitzt dabei
und strickt wohl Strümpfe für die zwei.

Die eine sagt: knig. Die andre sagt: knag.
Das ist genug für einen Tag.

Christian Morgenstern

Im Wald der verhexten Tiere

Im Wald der NEHÄRKLEBEN
geheimnisvolle NENNIPS weben.
Verschlingen TANIPS fuderweise
und schleichen durch die NENNAT leise.
Die NESAH mümmeln grünen Klee.
Der KNIF, der pfeift am Unkensee.
Und klingt das komisch für dein Ohr,
dann lies es mal von hinten vor.

Günther Feustel

Nina und der Wald

Nina und der Großvater gehen im Wald spazieren.
Nina schiebt einen Blätterhaufen vor sich her.
Das raschelt so schön. Blätter fliegen ringsum
wie Schmetterlinge. Der Großvater bleibt stehen.
„Horch“, sagt er.
Nina bleibt auch stehen. Sie hört Äste knacken.
Sie hört, wie ein kleines Tier durchs Gestrüpp wuselt.
Sie hört einen Vogel rufen, ganz leise: „Ziwitt!“
Sie hört den Wind in den Blättern rauschen.
Der Großvater legt den Finger auf den Mund.
Nina horcht, so sehr sie kann.
Sie hört in der Ferne Autos sausen.
Sie hört ihren eigenen Atem und den vom Großvater.
„Hörst du die Stille?“, fragt Großvater eine Weile später.
„Nein“, sagt Nina.

Renate Welsh

Ein Bäumchen wie ein Reisig

Ein Bäumchen wie ein Reisig
bracht Opa einst nach Haus.
Er gab ihm gute Erde,
damit es etwas werde.
Da schlug das Bäumchen aus.

Ein Wind wollte es knicken,
rüttelte böse dran.
Der Vater ist gekommen,
hat einen Pfahl genommen.
Die Mutter band es an.

Nun wirft der Baum schon Schatten,
hängt Birnen in den Wind.
He, Wind, jetzt kannst du blasen!
Wir sitzen auf dem Rasen,
spieln Vater, Mutter, Kind.

Günter Saalmann

Das Vogelnest

Stille!
Ein Nest,
ein richtiges Vogelnest!
Und sieh:
drei hellblaue Eier darin
mit gelbbraunen Punkten.

Stille, ganz stille,
dass die Vogelmutter nicht bange wird,
die eben über die Hecke schwirrt.

Ach, gibt das ein Leben,
wenn die drei Jungen ihre Schnäbelchen heben
und zwitschern in den blauen Tag,
was ihr kleines Kehlchen nur zwitschern mag!

Albert Sergel

Vogelnester sind KUNST-werke aus Ästchen, Halmen, Moos, Pflanzenfasern, Federn, Erde ... Sie sind in Bäumen, Höhlen, Büschen, im Schilf, auf dem Boden und anderswo zu entdecken.

Das kleine Rasenstück von Albrecht Dürer

VOGELWICKE
RISPENGRAS
WEGERICH
HASENKLEE
QUECKE

WORT-SPIEL-WIESE

Jedes Bild steht für den Namen einer Blume: Bärenfellgras, Fingerhut, Gänseblümchen, Glockenblume, Himmelsschlüsselchen, Königskerze, Löwenzahn, Pantoffelblume, Sonnenhut, Storchschnabel, Tigerstern, Tränendes Herz, Trompetenspinne.

Anna hat sich ein WORT-SPIEL-WIESEN-Büchlein angelegt.

Die Marienkäfer sind da!

„Guck mal, die ersten Marienkäfer sind da!"
Dennis hat in einem eingerollten Blatt an der Hecke eine ganze Schar der kleinen roten Käfer entdeckt. Da kommen auch schon die anderen Kinder angelaufen. „Ich setze gleich welche auf die Rosen", sagt Michael und trägt ganz vorsichtig einige Käfer hinüber auf das Rosenblatt. „Nun werden sie aber tüchtig die Blattläuse abfressen", meint er.
„Glaube ich nicht", sagt Petra, „ich denk, Marienkäfer fressen gern die grünen Blätter."
„Stimmt nicht", sagt Michael, „guck sie dir eine Weile an! Ich hab noch nie einen Marienkäfer gesehen, der Blätter angeknabbert hat. Das machen nur die Raupen! Mein Opa sagt immer, wenn er genügend Marienkäfer hat, braucht er im Garten überhaupt kein Gift zu spritzen!" „Das sind ja tolle Tierchen", meint Till.

Barbara Cratzius

Marienkäferlein

Erste warme Sonne liegt
auf den grünen Hügeln.
Und ein rotes Pünktchen fliegt
hin und her vom Wind gewiegt:
früh schon auf den Flügeln.

Liebes rotes Käferlein
mit den schwarzen Tupfen,
kommst so zeitig und allein,
noch liegt Schnee am Wiesenrain:
Hol dir keinen Schnupfen.

Fred Rodrian

Ameisenkinder

Wer hat Ameisenkinder gesehn?
Können sie nach sechs Tagen schon gehn?
Laufen die Ameisenbabys geschwinder
Als zum Beispiel die Mistkäfer-Kinder?
Kriegen sie schon einen Klaps auf den Po?
Ach, meine Lieben, die Sache ist so:

Wer Ameisenkinder sah, ganz kleine,
Der lügt.
Der betrügt!
Es gibt nämlich keine!

James Krüss

Aus den Eiern schlüpfen keine Ameisen, sondern Larven.
Die Arbeiterinnen müssen sie ständig füttern.
Wenn die Larven groß und dick sind, spinnen sie sich in ein feines Gewebe ein – sie verpuppen sich.
Diese Puppen werden oft in die Sonne getragen.
In ihnen vollzieht sich eine wunderbare Verwandlung. Eines Tages platzt die Hülle und eine fertige Ameise schlüpft heraus.

Traudel Hoffmann

Rätsel

Läuft ein Kribbel-Krabbel-Zwerg,
baut sich einen Riesenberg,
tausend Beinchen – große Kraft,
seht – was man gemeinsam schafft.
Rührt den Riesenberg nicht an,
weil der Zwerg sich wehren kann.

Traudel Hoffmann

Die Eiche

Die Eiche ist Lebensraum für viele Tiere, Pflanzen und Pilze.
Sie kann sehr alt werden.

Eichhörnchen und Eichelhäher sammeln Eicheln für den Winter. Sie vergraben diese. Manche Eicheln beginnen zu keimen und wachsen zu neuen Eichen heran. Eicheln sind auch eine Lieblingsspeise für Wildschweine.

David Streeter &
Richard Lewington
„Entdeckungsreise in
die Welt der Eiche“

Die Eiche und das Schwein

Ein gefräßiges Schwein mästete sich
unter einer hohen Eiche
mit der herabgefallenen Frucht.
Indem es die eine Eichel zerbiss,
verschluckte es bereits eine andere
mit dem Auge.

„Undankbares Vieh!“,
rief endlich der Eichbaum herab.
„Du nährest dich von meinen Früchten
ohne einen einzigen dankbaren Blick
auf mich in die Höhe zu richten.“

Das Schwein hielt einen Augenblick inne
und grunzte zur Antwort:
„Meine dankbaren Blicke sollten nicht außenbleiben,
wenn ich nur wüsste, dass du deine Eicheln
meinetwegen hättest fallen lassen.“

Gotthold Ephraim Lessing

Das Bett im Baum

Der kleine graue Bär Matthias wohnte in einem Baumhaus am Ufer eines Teiches. Er wohnte schon lang darin. Vorher hatte es einem Dachs gehört.
Es war ein sehr behagliches Baumhaus und hatte auch noch drei gemütliche Räume unter der Erde, zwischen den Wurzeln des Baumes. So hatte es der Bär im Sommer schön kühl und im Winter angenehm warm.

Eines Tages bekam Matthias Besuch aus Australien!
Es war Curtis, der Koalabär, der langjährige Brieffreund von Matthias.
Curtis wurde in einem der Zimmer unter der Erde einquartiert.
Er fand alles sehr aufregend und interessant, denn hier war vieles ganz anders als in Australien.
Matthias führte ihn jeden Tag herum und zeigte ihm die Gegend. Sie machten lange Spaziergänge durch den Wald und plauderten mit allen Tieren, die hier lebten.
Am besten gefiel Curtis der Nadelwald.
Er liebte den würzigen Duft der Fichten und Tannen.
Einmal kletterten sie auch einen Berg hinauf und statteten der Braunbärfamilie einen kurzen Besuch ab.
Und noch weiter oben besuchten sie die Murmeltiere, mit denen sich Curtis besonders gut verstand.

Als der Tag der Abreise sich näherte, wollte Matthias Curtis noch eine besondere Überraschung bereiten.
Am vorletzten Tag von Curtis' Aufenthalt zerlegte Matthias sein Bett und baute es zwischen den Ästen des Baumhauses wieder zusammen. Curtis half ihm dabei und fragte immer wieder, warum er das mache.
Aber Matthias tat geheimnisvoll und verriet nichts.
Am Abend stellte er noch zwei Gefäße mit Honigwasser in die Baumkrone und hängte eine Laterne auf.

Dann forderte er Curtis auf sich neben ihn ins Bett zu legen. Sie deckten sich zu und warteten.
Bald darauf kamen die ersten Schmetterlinge herangeflogen. Das Licht und der süße Duft des Honigwassers hatten sie angelockt. Matthias und Curtis schauten mucksmäuschenstill den wunderschönen Schmetterlingen zu. Die Überraschung war gelungen. So nahe hatte der Koalabär noch nie zuvor so viele schöne Schmetterlinge gesehen!

Erwin Moser

Das Lied von der gegenseitigen Hilfe

Kuckuck, Star und Meise
Machten eine lange Reise
Von den grünen Bäumen
Raupen wegzuräumen.
Kuckuck, Star und Meise –
Mussten lange wandern;
Rührt den Schnabel, schnappt und fresst,
Das Bäumchen gibt euch Platz fürs Nest:
Einer hilft dem andern.

Kuckuck, Star und Meise
Machten eine lange Reise
Von den grünen Bäumen
Raupen wegzuräumen.
Kuckuck, Star und Meise
Mussten lange wandern;
Tilgt die dicken Raupen aus,
Wir bauen euch ein Vogelhaus:
Einer hilft dem andern.

Rainer Kirsch

Bei uns und anderswo

Aufforderung zum Tanz

Ringelrangelrosenkranz,
Für die Kinder diesen Tanz,
Für die Kinder russisch, dänisch,
Mauretanisch, deutsch, slowenisch;
Kinder, die wie Kohle schwarz sind
Oder rot wie Rosenquarz sind;
Kinder aus New York, wo Nacht ist,
Wenn bei uns der Tag erwacht ist;
Kinder aus dem Nordmeer-Hafen;
Kinder, die in Lumpen schlafen;
Kinder, die beim Dschungel leben,
Wo die Affen Feste geben:

Alle Kinder sind geladen.
Wenn sich eins ans andre hält,
Gibt es auf den Längengraden
Und auch auf den Breitengraden
Einen Reigen um die Welt.

Gianni Rodari

Ferienkoffer

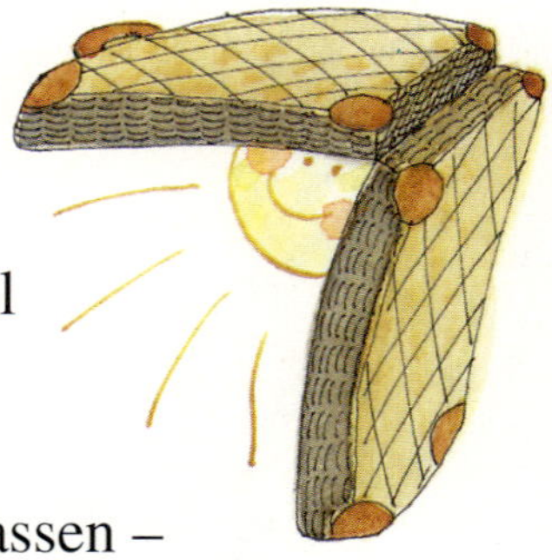

„Kinder, einsteigen, es wird Zeit!“
Der Wagen steht zur Abfahrt bereit,
bis oben hin ist der Kofferraum voll.
„Du meine Güte“, sagt der Vater, „wo soll
denn dieser Riesenkoffer noch hin?“
Er hebt ihn auf. „Da ist ja nichts drin!“
„O doch“, sagt Kurtchen, „vorsichtig anfassen –
ich hab ihn voll Sonne scheinen lassen,
und wenn es mal regnet, dann machen wir schnell
den Koffer auf, gleich wird’s wieder hell.“

Hans Baumann

Spruch
für einen, der mit dem Auto verreist

Ich wünsch dir keine Autoschlange,
genug Benzin und Glück dazu.
Fahr nicht zu wild! Fahr nicht zu bange!
Der Lenker deines Glücks bist du.

Spruch
für einen, der mit der Bahn verreist

Ich wünsch dir keine Langeweile.
Dein Platz sei weich und sei bequem.
Recht gute Fahrt! und im Abteile
nur nette Nachbarn außerdem.

James Krüss (Auswahl)

Was ich dir wünsch?

Ich weiß schon was!
Ich wünsch dir eine Reise.
Ich stell dir
einen Fahrschein aus.
Sag nur wohin!
Sag's leise!

Elisabeth Borchers

Womit würdest du gern reisen?

Kamele sind die Last- und Reittiere der Wüste.
Sie können mühelos
weite Entfernungen zurücklegen.

Mit so einem Schlitten fahren die Eskimos über Schnee und Eis.
Das Schlittengespann wird von einer Gruppe von Huskys gezogen …
Für eine solche Fahrt
musst du dich warm anziehen.

Mit Ochsenkarren fahren in manchen Teilen Indiens die Menschen
auf den Markt oder ins nächste Dorf
um einen Besuch zu machen.

Ein Einbaum ist ein Boot,
das aus einem ausgehöhlten Baumstamm besteht.
In Afrika gibt es Einbäume.

Fisher-Price (gekürzt)

Schlafwagenlied

Das Bett saust auf dem Gleise.
Wir legen uns zur Reise.

Wir schlafen um die Kurve …
Kurkurve Kurkurve
urur urur ururve
ve ve ve
v v v

Der Wärter schließt die Schranken.
Wir danken, danken, danken!

Wir schlafen durch den Tunnel …
Tuntunnel Tuntunnel
unun unun ununnel
nel nel nel
n n n

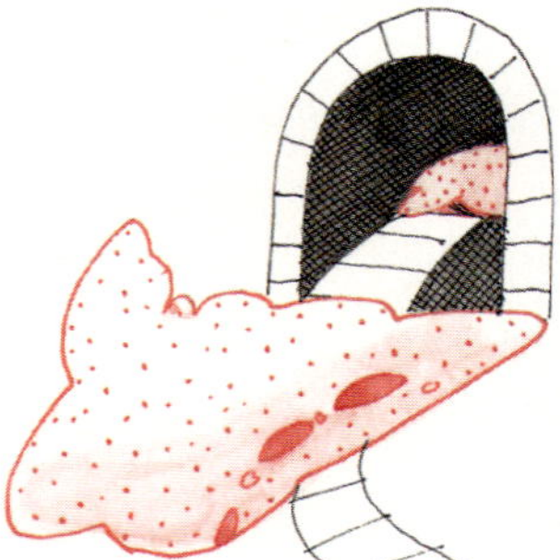

Ein Bett auf Eisenrädern!
Ein Bett mit Eisenfedern!

Wenn Großmutter das wüsste …
wüsswüsste wüsswüsste
üssüss üssüss üssüsste
ste ste ste
t t t

Reiner Kunze
„Der Löwe Leopold“

Reisewörter

Weltreise
Reiseverpflegung
Dienstreise
Reiseverkehr
Eisenbahnreise
Reisekoffer
Gesellschaftsreise
Reisezeit
Geschäftsreise
Reiseführer
Ferienreise
Reisegefährte
Luftreise
Reisebeschreibung
Sommerreise
Reisetagebuch
Auslandsreise
Reisewetter
Vergnügungsreise
Reisepass
Studienreise
Reisebüro
Traumreise
Reisetasche
Autoreise
Reiseabenteuer
Winterreise
Reiselektüre
Seniorenreise
Reisernte
Erkundungsreise
Reiseziel

Urlaubsreise
Reiselust
Tagesreise
Reisewecker
Badereise
Reiseprogramm
Durchreise
Reisebekanntschaft
Hochzeitsreise
Reisevertreter
Entdeckungsreise
Reisegepäck
Abenteuerreise
Reisegeld
Besuchsreise
Reiseleiter
Lustreise
Reiseandenken
Schiffsreise
Reisegesellschaft
Vortragsreise
Reisebericht
Forschungsreise
Reisefieber
Erholungsreise
Reiseweg
Teepreise
Reisedecke
Rundreise
Reisebegleiter

Tilde Michels

Die lustigen Spatzen

Vier Dutzend Spatzen
gingen auf Reisen
auf alle Weisen
lustig und froh:

Spatz mit dem Auto,

Spatz mit der Trambahn,

Spatz mit der Fuhre,

Spatz mit dem Zug,

Spatz auf der Deichsel,

Spatz auf dem Krummholz,

Spatz auf dem Trittbrett,

Spätzchen im Flug.

Vier Dutzend Spatzen
legten sich nieder,
streckten die Glieder
müde und matt:

Spatz auf dem Sofa,

Spatz auf dem Ofen,

Spatz auf dem Boden,

Spatz auf der Bank,

Spatz auf der Matte,

Spatz auf der Platte,

Spatz auf der Schachtel,

Spatz auf dem Schrank.

Vier Dutzend Spatzen
pfiffen im Bette
nun um die Wette
lustig und froh:

Spatz triti-liti,

Spatz tirli-tirli,

Spatz dili-dili,

Spatz di-di-di,

Spatz tiki-riki,

Spatz riki-tiki,

Spatz tüti-lüti,

Spatz tü-tü-tü!

Samuil Marschak (Auswahl)

Die Eskimos

Was sind doch die Eskimos für Personen:
Aus Eis sind die Länder, in denen sie wohnen.

Aus Eis sind bei ihnen die Plätze und Straßen,
Aus Eis sind die Häuser, aus Eis sind die Gassen.

Und in den Häusern, die man dort kennt,
Sind die Böden und Decken aus Eis statt Zement.

Aus Eis sind sogar ihre Betten gemacht,
Von der Axt in gehörige Form gebracht.

Aus Eis sind (neben den Wänden und Betten)
Bei ihnen sogar die Feuerstätten.

Nur eine Sache, von der ich weiß,
Ist bei Eskimos nicht aus Eis.

Was ist dort weicher und wärmer wohl?
Ihre Herzen. Die wärmen sogar den Pol.

Gianni Rodari

Begrüßung bei den Eskimos

Wenn ein Eskimomann und eine Eskimofrau
sich begrüßen, küssen sie sich nicht
auf Mund oder Wangen wie wir.
Vielmehr stupsen sie ihre Nasen
mehrmals gegeneinander.

Fisher-Price

Fremdsprachen sollte man können ...

Eine kleine und eine große Maus
laufen über die Strandpromenade.
Da biegt eine Katze um die Ecke.
Die große Maus bleibt erschrocken stehen.
Die kleine Maus läuft weiter und bellt: „Wau, wau!"
Da läuft die Katze davon.
Darauf sagt die kleine Maus zur großen Maus:
„Siehste: Fremdsprachen muss man können!"

Ursula Scheffler

Dialog

„Du redest so gut deutsch.
Wo kommst du denn her?“

„Aus Hamburg.“

„Wieso? Du siehst aber nicht so aus!“

„Wie sehe ich denn aus?“

„Na ja, so schwarzhaarig und dunkel...“

„Na und?“

„Wo bist du denn geboren?“

„In Hamburg.“

„Und dein Vater?“

„In Hamburg.“

„Deine Mutter?“

„Im Iran.“

„Da haben wir's!“

„Was denn?“

„Dass du keine Deutsche bist!“

„Wer sagt das?“

„Na ich!“

„Warum?“

„Weiß ich auch nicht …“

Nasrin Siege

Erica aus Brasilien

Ich heiße Erica de Jesus da Silva und bin acht Jahre alt.
Ich lebe in Niteroi, einer Stadt in Brasilien ...
Mama, meine kleine Schwester Maria-Gabriela und ich gehören zur Familie ...
Meine beste Freundin Julia wohnt im Nachbarhaus. Nach dem Mittagessen ziehen wir unsere Schuluniform an und gehen gemeinsam in unsere Schule. Fast alle Kinder aus unserem Stadtteil kommen hierher, denn man muss für den Unterricht kein Geld bezahlen. Eine private Schule ist sehr teuer.
Nur die reichen Familien können sich das leisten.
Der Unterricht fängt für Julia und mich um ein Uhr mittags an und dauert bis halb sechs am Nachmittag, von montags bis freitags.
Jeden Tag haben wir ein besonderes Fach wie Rechnen, Sozialkunde oder Portugiesisch. Das Lernen in der Schule macht mir Spaß. Ich bin im Rechnen besonders gut.
In Klassenarbeiten und im Zeugnis bekommen wir Noten.
Die beste Note ist bei uns die zehn, die schlechteste die eins.
Zweimal in der Woche habe ich in der Schule auch Tanzunterricht.
Ich tanze sehr gern und mag Musik.

Das dicke Kleid

Da es in Lappland sehr kalt ist, trägt man dort dicke Kleider. Ein Lappländer ließ sich einmal das dickste Kleid der Welt herstellen. Dieses Kleid sah aus wie ein Mantel, es war aber fast so weit wie ein Haus und die Taschen waren so groß wie Zimmer. Man konnte Esswaren darin verstauen, die für viele Wochen ausreichten. Vor dem Bauch war ein Ofen angebracht, den man von innen her heizte.
Einmal sah der Mann, der den Mantel trug, eine schöne junge Lappländerin. Er liebte die Frau auf der Stelle und nahm sie in seinen Mantel hinein. Die Lappländerin, die ihn ebenfalls liebte, schenkte dem Mann zwei Mädchen. Nun lebte eine ganze Familie im Kleid des Lappländers. Sogar Hunde und Katzen fanden sich im Saum des Kleides ein und liefen dort herum. Das war ein Haushalt, der es auch im härtesten Winter warm genug hatte.

Jürg Schubiger

Was Kinder in anderen Ländern raten

Vier Füße, die er nie bewegt,
wenn er dich auf dem Rücken trägt.

Du tust zehn zu zehn –
es bleiben trotzdem zehn.

Trag einen dunkelblauen Frack,
mein Bauch ist weiß wie Schnee.
Im Frühling sag ich guten Tag,
im Herbst sag ich ade.

Was ist sauberer vor dem Waschen
und schmutziger nach dem Waschen?

Rote Schlange in dunklem Schacht
von bissigen Soldaten gut bewacht.

Quake, leb im Wasser drin,
wisst ihr schon, wer ich bin?
Auf dünnen Beinen springe ich,
vor Störchen aber fürcht ich mich.

Am Himmel oben wohne ich,
bringe Wärme, bringe Licht,
sende meine Strahlen aus.
Schlafe ich, geht auch nach Haus!

Ich kann sausen ohne Räder,
ohne Motor und Benzin,
doch ich kann es nicht im Sommer,
wenn auf dem Hügel Blumen blühn.

Polen
Ungarn
China
Türkei

Süße Sachen aus anderen Ländern

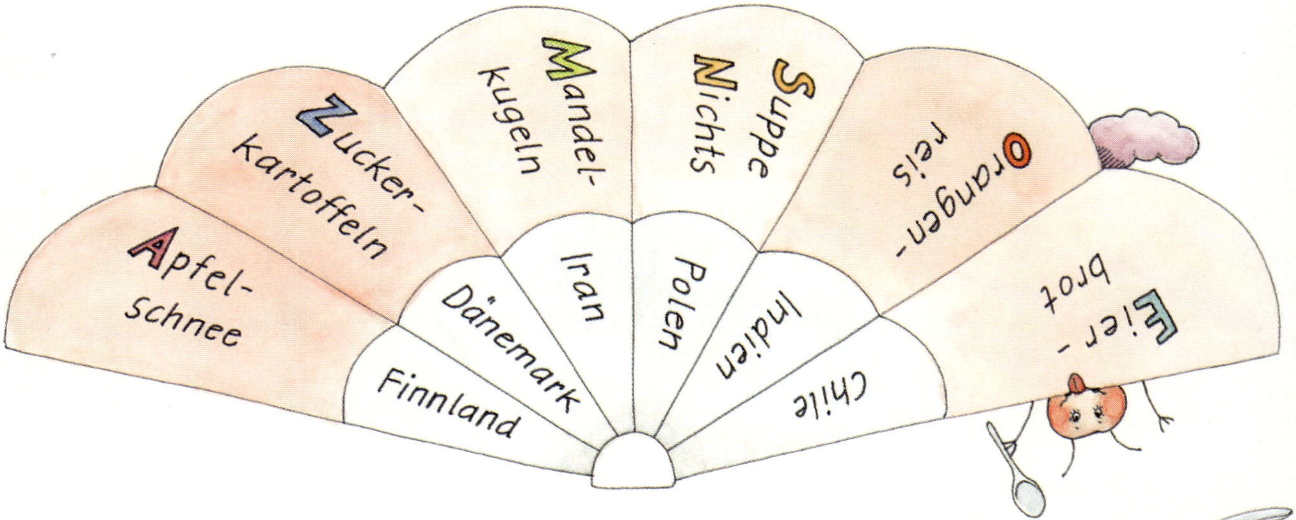

Japan: Melonensalat (Kori-suika)

Geräte: großes Brett, 2 Schüsseln, großes und kleines Messer, Esslöffel, Zitronenpresse

Zutaten: 1 Melone, 1 Zitrone, 1 Esslöffel Zucker und andere frische oder eingeweckte Früchte

Zubereitung:

1. Auf einem großen Brett schneidest du die Melone mit einem großen Messer auseinander.
2. Hol das Melonenfleisch mit einem Löffel aus der Frucht und entkerne es.
3. Schneide Würfel und leg sie in eine Schüssel.
4. Die Melonenstücke werden mit dem ausgepressten Zironensaft beträufelt und mit Zucker bestreut.
5. Jetzt mischst du die anderen Früchte unter den Salat.
6. Zum Schluss wird alles in eine Melonenschale gefüllt.

Schneide Zacken in den Rand der Melonenschale und serviere den Salat in dieser Schale!

Was du mit der anderen Melonenhälfte machen kannst:
Es ist leicht ein Melonengetränk zu mixen. Du gießt 1 Flasche Apfel- oder anderen Fruchtsaft in die Schale, in die du Melonen- oder Eisstückchen legst.

Was du aus den leeren Melonenschalen machen kannst:
Mit einem spitzen Messer schneidest du einfache Muster in die Schale.
Die Sache wird geheimnisvoll, wenn du eine Kerze in oder unter die Schale stellst.

Dorli Gissler

Old MacDonald hat ’ne Farm

Hier kannst du das alte englische Volkslied nachsingen.
Wenn du das Bild des Tieres siehst, singe seinen Namen.
Dann kannst du die Laute dieses Tieres nachahmen.

Old MacDonald hat ’ne Farm,
I-ei-i-ei-oh!
Und auf der Farm hat er ein ,
I-ei-i-ei-oh!
Das macht *QUICK QUICK* hier
Und *QUICK QUICK* da,
Hier mal *QUICK* und da mal *QUICK*.
Überall tönt’s *QUICK QUICK*.
Old MacDonald hat ’ne Farm,
I-ei-i-ei-oh!

Old MacDonald hat ’ne Farm,
I-ei-i-ei-oh!
Und auf der Farm hat er ’ne ,
I-ei-i-ei-oh!
Die macht *MUH MUH* hier
Und *MUH MUH* da,
Hier mal *MUH* und da mal *MUH*,
Überall tönt’s *MUH MUH*.
Old MacDonald hat ’ne Farm,
I-ei-i-ei-oh!

Old MacDonald hat 'ne Farm,
I-ei-i-ei-oh!
Und auf der Farm hat er ein  ,
I-ei-i-ei-oh!
Das macht *MÄÄ MÄÄ* hier
Und *MÄÄ MÄÄ* da,
Hier mal *MÄÄ* und da mal *MÄÄ*,
Überall tönt's *MÄÄ MÄÄ*.
Old MacDonald hat 'ne Farm,
I-ei-i-ei-oh!

Old MacDonald hat 'ne Farm,
I-ei-i-ei-oh!
Und auf der Farm hat er ein  ,
I-ei-i-ei-oh!
Das macht *IHH IHH* hier
Und *IHH IHH* da,
Hier mal *IHH* und da mal *IHH*,
Überall tönt's *IHH IHH*.
Old MacDonald hat 'ne Farm,
I-ei-i-ei-oh!

Eine Rätselrunde

Ratet ihr gern Rätsel aus anderen Ländern? Dann könnt ihr dies machen:

21, 22, ... 45, 46, 47 ... 81, ... 101

Schlagt in eurem Lesebuch die Seite 101 auf!
Im Sprachbuch findet ihr auf Seite 49 auch noch Rätsel.

Wer zuerst die Lösung eines Rätsels gefunden hat, bekommt einen Punkt.
Wer am Schluss die meisten Punkte hat, ist Rätselraterundensieger.
Für ihn denkt euch eine kleine Überraschung aus!

Fremdsprachen müsste man können

Schreibe dein eigenes Fremdwörterbuch!
Du kannst die Wörter aufschreiben, die du schon kennst.
Du kannst nach unbekannten Wörtern suchen.

So wird es geschrieben:	*So wird es gesprochen:*	*Das bedeutet es:*
skateboard (engl.)	*skeit bo'd*	*Rollbrett*
salut (franz.)	*saly*	*Grüß dich; Tschüß!*
шутка (russisch)	*schutka*	*Witz*
...	...	...

Jeder ist wichtig

Schwere Last

Mir liegt was auf dem Herzen,
da liegt es gar nicht gut.
Schwer wie ein dunkler Schatten
mit einem schwarzen Hut.

Würdst du mich danach fragen,
würd ich dir alles sagen
und ihn damit verjagen,
so wär mir wieder gut.

Christiane Grosz

Swimmy

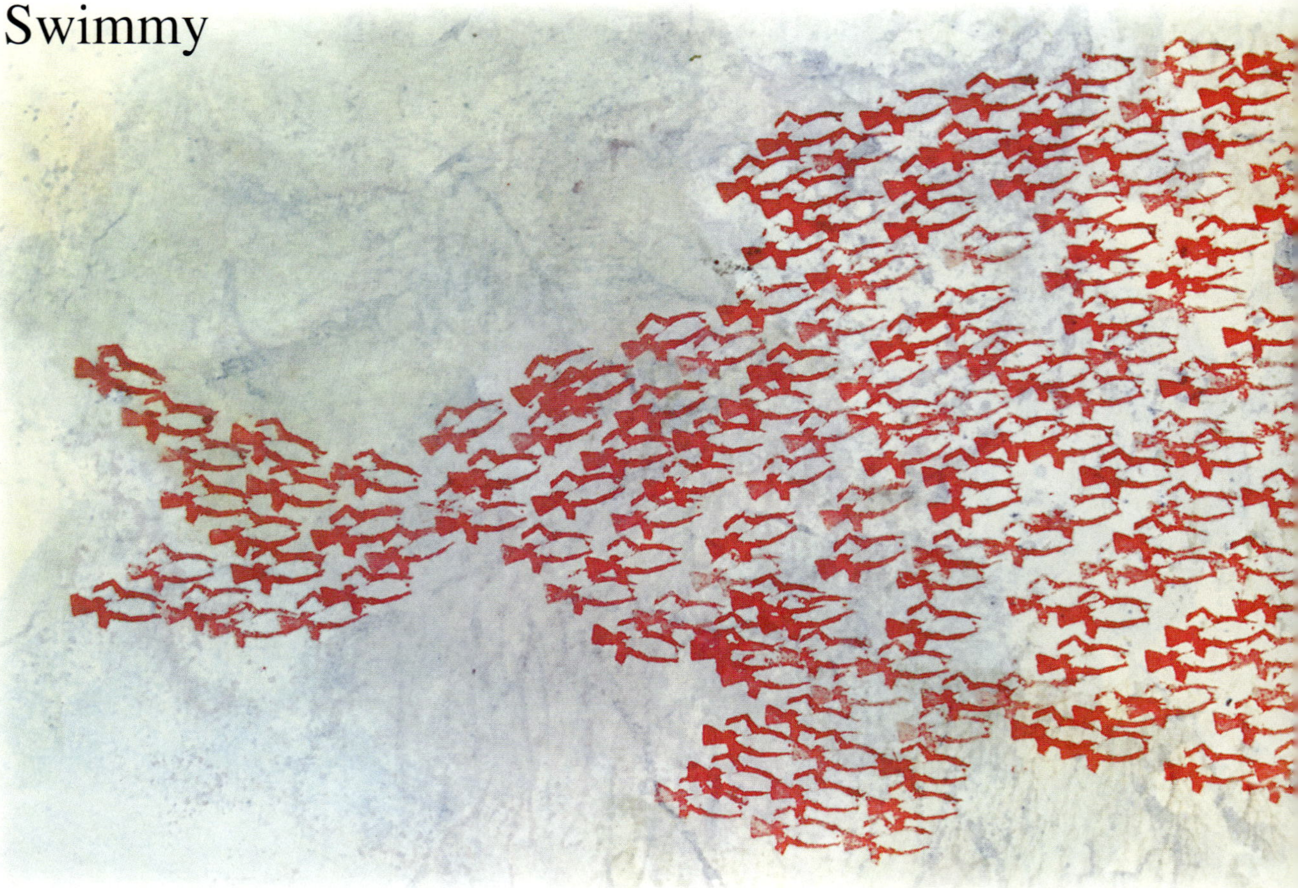

Irgendwo in einer Ecke des Meeres lebte einmal ein Schwarm kleiner, aber glücklicher Fische. Sie waren alle rot. Nur einer von ihnen war schwarz. Schwarz wie die Schale der Miesmuschel.
Aber nicht nur in der Farbe unterschied er sich von seinen Schwestern und Brüdern: Er schwamm auch schneller. Sein Name war Swimmy.

Eines schlimmen Tages kam ein Thunfisch in diese Ecke des Meeres gebraust, ein schneller, grimmiger, überaus hungriger Bursche.
Der verschlang alle kleinen roten Fische mit einem einzigen Maulaufreißen.
Nur ein Fisch entkam. Das war Swimmy.
Erschrocken, traurig und einsam wedelte der kleine Swimmy hinaus ins große Meer.
Nun ist das Meer aber voller wunderbarer Geschöpfe, die Swimmy in seiner heimatlichen Meeresecke nie gesehen hatte.

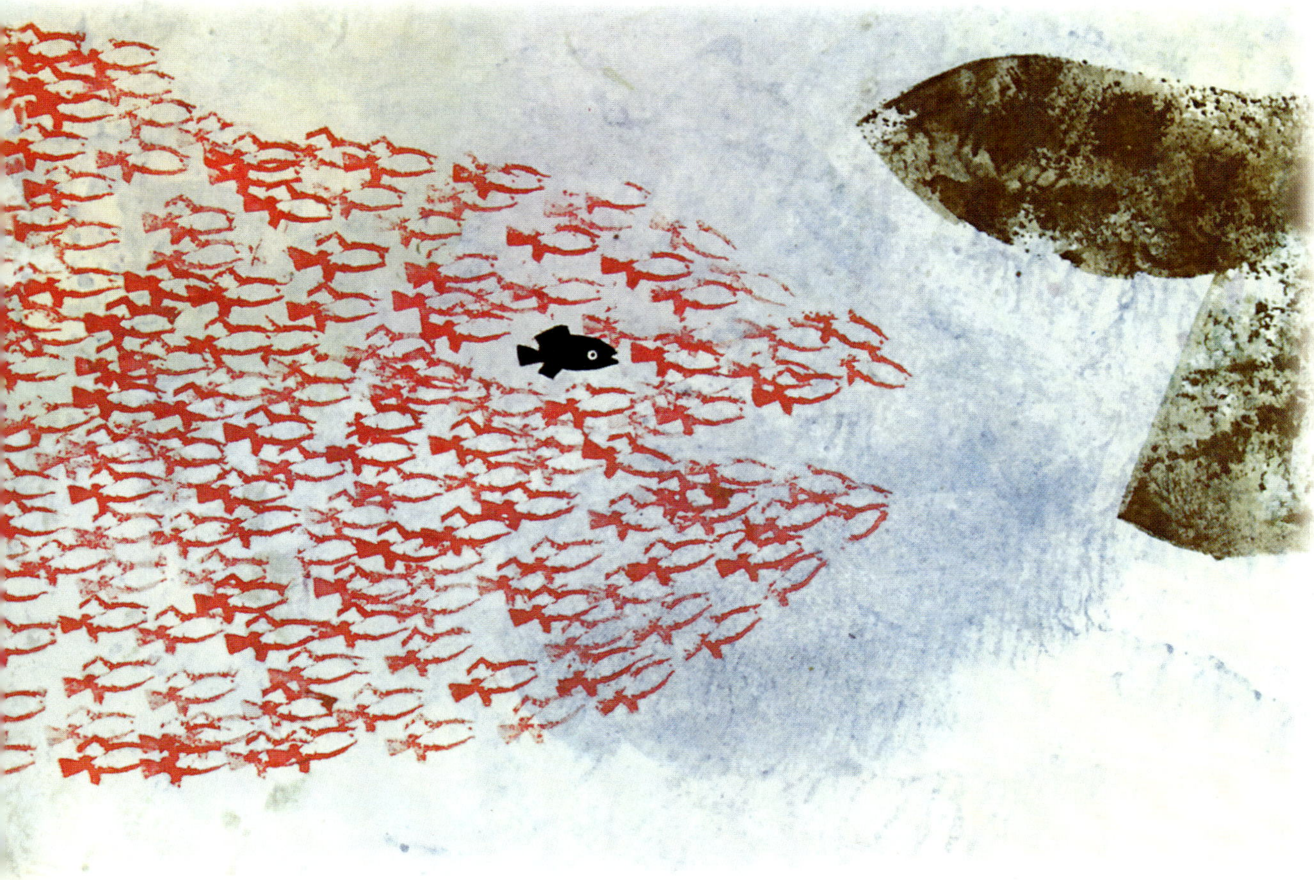

Als der große Ozean ihm Wunder über Wunder vorführte,
wurde er bald wieder so munter wie ein Fisch im Wasser.
(Und ein Fisch im Wasser war er ja; wenn auch ein ganz kleiner.)
Zuerst sah Swimmy die Meduse, die Qualle. Er fand sie wunderbar.
Sie sah aus, als wäre sie aus Glas, und sie schillerte in allen Farben
des Regenbogens. Dann sah Swimmy eine Art lebenden Schaufelbagger.
Das war der Hummer. Gleich darauf schwammen sehr seltsame Fische
an ihm vorbei, leise und gleichmäßig, als ob sie von unsichtbaren Fäden
gezogen würden. Dem kleinen munteren Swimmy waren sie
ein bisschen unheimlich. Bald aber war Swimmy wieder heiter.
Er durchschwamm einen prächtigen Märchenwald. Einen Wald
aus Meeresalgen, die auf bonbonbunten Felsen wuchsen.
Swimmy kam aus dem Staunen nicht heraus.
Jetzt nämlich begegnete er einem Aal, der ihm unendlich lang erschien.

Als Swimmy endlich wild wedelnd am Kopf des Aales angekommen war, konnte er sich schon nicht mehr an die Schwanzspitze erinnern.
Ein Wunder schloss sich an das andere an. Das nächste waren die See-Anemonen. Sie schwammen in der Strömung sanft hin und her, wie rosa Palmen, vom Wind bewegt. Dann jedoch glaubte Swimmy seinen Augen nicht zu trauen: Er sah einen Schwarm kleiner roter Fische.
Hätte er nicht gewusst, dass sein eigener Schwarm verschlungen und verschwunden war: Er hätte den Schwarm für seine Schwestern und Brüder gehalten.
„Kommt mit ins große Meer!“, rief er ihnen munter zu. „Ich will euch viele Wunder zeigen!“ „Geht nicht“, antworteten die kleinen roten Fische ängstlich. „Dort würden uns die großen Fische fressen! Wir müssen uns im sicheren Felsenschatten halten.“
Die Antwort der kleinen roten Fische machte Swimmy nachdenklich.
Er fand es traurig, dass der Schwarm sich nie hinaus ins offene Meer trauen durfte. „Da muss man sich etwas ausdenken!“, dachte er.
Und er dachte nach.
Er überlegte und überlegte. Und endlich hatte er einen Einfall.
„Ich hab’s!“, rief er fröhlich. „Lasst uns etwas ausprobieren!“
Da Swimmy den kleinen roten Fischen gefiel, befolgten sie seine Anweisungen: Sie bildeten einen Schwarm in einer ganz bestimmten Form. Jedes Fischchen bekam darin seinen Platz zugewiesen. Als der Schwarm diese bestimmte Form angenommen hatte, da war aus vielen kleinen roten Fischen ein großer Fisch geworden, ein Fisch aus Fischen, ein Riesenfisch.
Es fehlte dem Fisch nur das Auge. Also sagte Swimmy: „Ich spiele das Auge!“
Dann schwamm er als kleines schwarzes Auge im Schwarm mit.
Jetzt traute der Schwarm sich endlich hinaus ins offene Meer, hinaus in die große Welt der Wunder: Niemand wagte mehr sie zu belästigen.
Im Gegenteil: Selbst die größten Fische nahmen vor dem Schwarm Reißaus.
Und so schwimmen viele kleine rote Fische getarnt als Riesenfisch immer noch glücklich durch das Meer
und Swimmy fühlt sich in seiner Rolle als wachsames Auge sehr, sehr wohl.

Leo Lionni (deutsch von James Krüss)

Der Bäcker

Der Bäcker rührt den Teig am Morgen,
muss stets für frische Semmeln sorgen,
bäckt dicke, runde Streuselschnecken,
auch viele Schokoladenecken,
und spritzt auf die Geburtstagstorte
zwei zuckersüße Glückwunschworte.

Die Kindergärtnerin

Die Kindergärtnerin ist klug,
macht montags einen Fackelzug,
erzählt am Dienstag Spaßgeschichten,
weiß mittwochs jeden Streit zu schlichten,
putzt freitags alle Schnupfennasen
und lernt am Sonntag Flöte blasen.

Der Tischler

Der Tischler schneidet Brett für Brett,
baut daraus Schrank und Kinderbett,
bohrt Löcher, dreht die Schrauben ein,
denn alles muss sehr haltbar sein,
und leimt mit heißem Tischlerleim
das Schaukelpferd im Kinderheim.

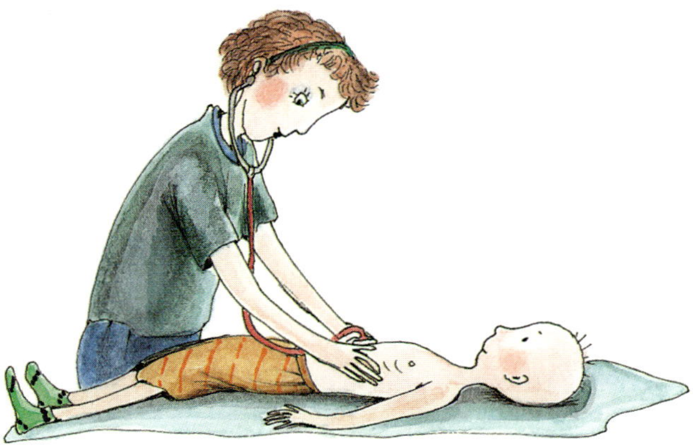

Die Ärztin

Die Ärztin drückt dir auf den Magen,
hört sehr geduldig deine Klagen,
besieht auch gründlich deine Zunge,
belauscht dein Herz, den Puls, die Lunge
und sagt: Wir werden deine Mandeln
mit feinem Sandpapier behandeln.

Gottfried Herold

Bei der Feuerwehr wird der Kaffee kalt

Da bimmelt das Feuerwehrtelefon.
Löschmeister Wasserhose nimmt den Hörer ab.
„Wie, was?“, fragt er. „Ein kleiner Junge? Gut, wir kommen! Alarm!“ Da legen alle ihre Stullen auf den Tisch und rennen zur Rutschstange. Ssst, sst, sst sind sie unten.
Der Löschmeister gibt ordentlich Gas. Alle Autos halten an um den roten Wagen vorbeizulassen.
Und die Leute fragen sich auf der Straße: „Was wird denn nun wieder passiert sein?“
Ja – was war passiert? Der kleine Emil Zahnlücke war zum Schwanenteich gelaufen. Der Schwanenteich hatte eine Eishaut bekommen. Und Emil Zahnlücke dachte: Ich werde auf dem Eis schlittern! Wie werden die Kinder über meine Schlitterbahn staunen! Am Ufer hielt das Eis auch. Emil Zahnlücke ging einen Schritt und dann noch einen und dann nahm er Anlauf und schlitterte über das Eis. Aber mit einem Mal machte es ping! Und quer durch die Eisdecke lief ein Riss. Emil Zahnlücke erschrak. Er wollte sich umdrehen und zurücklaufen. Da machte es noch einmal pling und pleng und klirr und er lag im Wasser. Jetzt hält sich Emil Zahnlücke am Rand des Eisloches fest und schreit. Die Arme sind ihm schon lahm; manchmal bricht unter seinen Fingern ein Stückchen Eis ab, dann taucht Emil Zahnlücke mit dem Kopf unter und schluckt eisiges Wasser und fuchtelt mit den Armen und versucht den Rand des Eisloches wieder zu fassen.
Was meint ihr, welche Angst der kleine Emil hat!
Am Ufer stehen Menschen und wollen helfen. Aber sie kommen nicht an Emil Zahnlücke heran, sie sind schwerer als er und brechen schon am Ufer durch die Eisdecke!
Alle atmen auf, als sie das Tatü-tata der Feuerwehr hören.
Löschmeister Wasserhose prüft das Eis.

„Wachtmeister Meier!“, ruft er. „Sie sind der Leichteste von uns. Nehmen Sie sich zwei Steckleitern und arbeiten Sie sich an den Jungen heran!“ Wachtmeister Meier holt aus dem Auto zwei kurze Leitern. Er schiebt sie aufs Eis. Dann legt er sich vorsichtig auf eine Leiter, schiebt die andere vorwärts und kriecht dann darauf. Am Koppel hat er eine Leine mitgenommen. Bald ist er bei Emil Zahnlücke angelangt.

Gerade lässt der kleine Emil den Eisrand los. Aber Wachtmeister Meier erwischt ihn am Mantelkragen und zieht ihn auf die Leiter. Das ist eine schwere Arbeit, denn Emil ist tropfennass. Schließlich hakt der kleine Meier die Leine vom Koppel und bindet sie an die Leitern. Die Feuerwehrleute am Ufer ziehen.

Wie ein Schlitten rutscht die Leiter über das Eis. So werden der kleine Meier und Emil ans Ufer geholt. Emil klappert mit den Zähnen. Er wird in eine dicke Feuerwehrdecke gewickelt. Dann fahren sie mit Tatü-tata ins Krankenhaus. Wer so lange in eiskaltem Wasser gelegen hat, dem muss der Arzt helfen.

Hannes Hüttner

Es war einmal …

Es war einmal ein Martinshorn,
das hatte einen Ton verlorn.

Er fiel ins hohe Gras hinein
und schlief nach fünf Minuten ein.

Dort fand ihn die Kuh Liese
und fraß ihn als Gemüse.

Am nächsten Morgen muhte sie,
und zwar: tatü, tata, tatü.

Wolfgang Buschmann

Trari, trara, die Post ist da!

„Trari, trara, die Post ist da!“, jubelt Lea. Sie stürmt mit Briefen und Karten, die ihr die Briefträgerin eben gegeben hat, ins Haus.
„Warte“, ruft Rasputin, der Posträuber, „lass erstmal sehen, ob ich etwas stehlen kann. Vielleicht hier?“
„Quatsch“, sagt Lea.
„Das ist ein Brief von meiner Oma.“
„Oh, da sind 50000 Taler drin!“
„Dummes Zeug, das ist doch die Postleitzahl“, lacht Lea.

Früher wurde die Briefmarke mit der Hand gestempelt. Dazu wurde der Stempel auf dem Stempelkissen mit Stempelfarbe angefeuchtet.
Tick-tack, tick-tack tönte es ständig im Stempelraum. Man benutzte auch Hammerstempel, mit denen man schneller arbeiten konnte. Vom Stempel kann man ablesen: Ort, Postleitzahl, Datum und Uhrzeit.

Briefmarken werden von Künstlern entworfen. Sie sind kleine Kunstwerke.
Zu besonderen Anlässen gibt es Sondermarken.
Sie sind besonders wertvoll, wenn sie am Tag der Erstausgabe gestempelt wurden.

Siegfried Aust

Wie der kleine Timmi ein berühmter Clown wurde

Tim Tolpatsch war der Clown im Zirkus Marifari. Jeden Tag musste er über Wassereimer stolpern, auf einem ausgestopften Löwen reiten und dazu noch auf der Geige spielen. Auf einem wackeligen Stuhl machte er einen Handstand und schlenkerte mit seinen übergroßen Latschen. Da passierte es. Der Stuhl brach zusammen. Tim Tolpatsch fiel auf die Nase und schrie: „Au weh!“ Die Leute klatschten und meinten, das soll so sein. Aber er hatte sich wirklich weh getan.
Am anderen Morgen war die Nase dick und rot. „So kannst du nicht auftreten“, sagte Timmi, sein kleiner Sohn. Der Clown war verzweifelt. „Keine Sorge“, meinte Timmi, zog sich Papas Kostüm an, rannte in die Zirkusmanege, trat sich auf die langen Hosenbeine und schlug Purzelbaum. Das Publikum lachte und die Kapelle spielte „Täterätä!“ Ein ausgestopfter Löwe kam hereingelaufen. Timmi wollte hinaufspringen, aber er fiel herunter und in den Wassereimer hinein.
Die Zuschauer waren begeistert!
Nach der Vorstellung gratulierte der Zirkusdirektor höchstpersönlich dem kleinen Clown und schrieb auf alle Plakate: „Tim und Timmi Tolpatsch, die weltberühmten Clowns!“
Da war der Papa sehr stolz auf seinen kleinen Sohn.
Und wenn der Zirkus Marifari in eure Stadt kommt, dann müsst ihr unbedingt hineingehen.

Erika Scheuering

Der berühmte Maler Pablo Picasso (1881–1973) wurde in Spanien geboren, lebte aber in Frankreich. Seinen dreijährigen Sohn Paolo malte er 1924 als Harlekin.

Paolo als Harlekin, Paris 1924,
Öl auf Leinwand, Musée Picasso, Paris

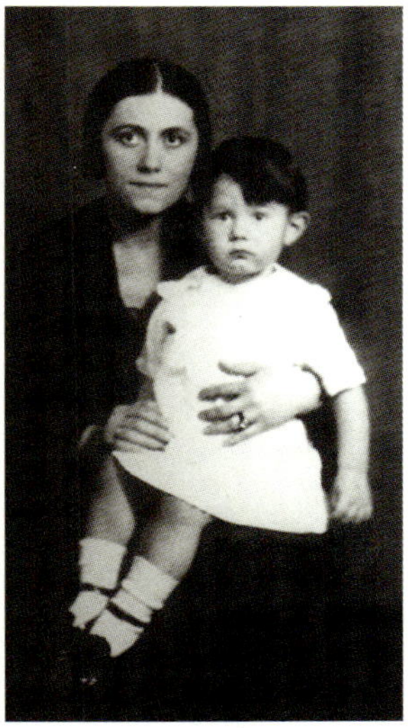

Auf dem Foto seht ihr Paolo (2 Jahre) mit seiner Mutter.

Das erste Konzert

Vater Mozart war ein strenger Lehrer. Alles, was er konnte – und das war nicht wenig –, wollte er seinen Kindern beibringen. Wolfgang und Marianne mussten üben, immer wieder üben. Bis die Töne perlten. Rein und schön.
Wolfgang wurde weder traurig noch ärgerlich, wenn er immerfort lernen und wiederholen musste. Im Gegenteil. Das Musizieren war sein liebstes Spiel. Wie andere Kinder bauen und bunte Bilder malen, lauschte er den Stimmen und Tönen. Dachte sich selbst Melodien aus und – schrieb sie in sein Notenheft.

„Was machst du denn da?", fragte der Vater, als er eines Abends nach Hause kam.

Der Kleine stand auf dem Schreibstuhl seiner Schwester.

Schrieb mit dem Federkiel. Wischte wieder aus, was schon dastand. Summte sich eins und schrieb neu, strich durch und schrieb abermals neu.

„Wolfgang“, rief der Vater ungeduldig.

Der Junge wandte ihm das glühendheiße Gesicht zu.

„Ich komponiere. Ein Konzert“, antwortete er.

„Du? Das wird was Rechtes sein. Kennst ja kaum Noten.“

Der Vater trat hinter den Sohn und guckte ihm über die Schulter. Guckte und guckte noch einmal hin.

In seinem Eifer hatte Wolfgang die Feder gleich durch das Papier gebohrt. Die Noten waren vor Tintenklecksen schlecht zu lesen. Aber richtig, ganz nach den Regeln der Musik war alles geschrieben.

Vor Freude und Stolz brachte der Vater erst kein Wort heraus. Endlich meinte er: „Junge, wer soll denn das spielen? Ist doch viel zu schwierig für deine kleinen Hände.“

„Ist ja auch ein Konzert. Ich werde üben, bis ich es kann“, sagte Wolfgang, sprang zum Flügel und fing gleich an. Probierte, verhaspelte sich und versuchte es aufs Neue. Zweimal. Dreimal. Ohne Pause.

Hätte die Mutter ihn nicht genommen und kurzerhand ins Bett gesteckt – er wäre die ganze Nacht bei seinem Konzert geblieben.

Anne Geelhaar

Berufe in Bildern

Findest du die Berufe?
Briefträger, Buchbinder, Buchhalter, Flugzeugführer, Haushälterin, Schiffskoch, Schornsteinfeger, Schriftsetzer, Schulleiter

Drei Gedichte zum Selbermachen

Was passt zusammen?
Zu jedem Gedicht gehören 6 Zeilen.

Der Gärtner **Der Polizist** **Die Krankenschwester**

gibt dir drei Pillen, sieben Tröpfchen
und setzt dich abends auf das Töpfchen.

zeigt jedem Autofahrer an,
wohin und wann er fahren kann,

pflanzt Rosen, aber auch Tomaten,
muss gießen, dass sie gut geraten

Der Polizist kennt die Gesetze,
gibt Acht, dass keiner sie verletze,

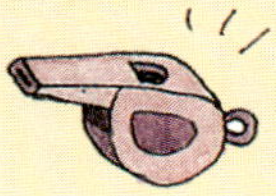

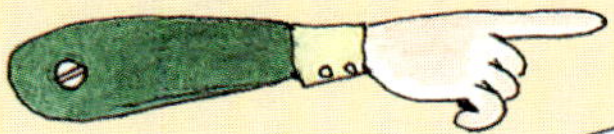

Die Krankenschwester pflegt mit Liebe
selbst abgestürzte Kirschendiebe,

Der Gärtner sät die Samen aus,
da werden später Möhren draus,

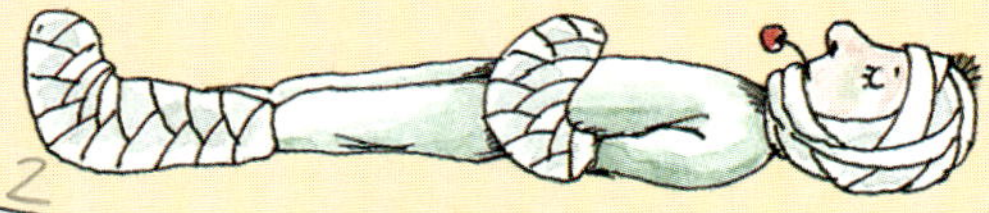

und ruft per Funk die nächste Streife:
Bringt bitte meine Trillerpfeife!

misst Fieber früh um sechs Uhr dreißig,
serviert das Frühstück, ist sehr fleißig,

und bringt vielleicht mit großen Mühen
sogar den Gartenschlauch zum Blühen.

Gottfried Herold

Wenn ich groß bin

Wenn ich groß bin,
werde ich Seefahrerin!
Dann entdecke ich
eine geheimnisvolle Insel.
Dort kämpfe ich mit wilden Bestien und
Fleisch fressenden Pflanzen, mit Regen und Wind.
Auf einmal finde ich seltsame Spuren im Sand,
die sind … von einem Riesenvogel.
Der packt mich und entführt mich in die Lüfte.
Weit draußen schmeißt er mich ins Meer. Da sinke ich
bis auf den Grund, wo eine alte Schatztruhe liegt.
Ein Delphin rettet mich und bringt mich zurück
in mein Boot. Der Delphin wird mein Freund
und zusammen heben wir den Schatz.

Erhard Dietl

Erhard Dietl
„Wenn ich groß bin"

Traumhaftes und Zauberhaftes

Der Traumzauberbaum

Ich bin der Traumzauberbaum,
mich sieht ein Kind nur im Traum,
wachse im Traumzauberwald,
bin tausend Jahre schon alt,
hab viele Blätter so fein,
ein Blatt gehört dir allein,
in jedem Blatt steckt ein Traum,
ich bin der Traumzauberbaum.

Lena – wohin fliegst du?

Lena steigt im Traum
auf den höchsten Baum
frühstückt bei Frau Meise
fliegt danach ganz leise
an den blauen Nil
stemmt ein Krokodil
baut ein Schloss im Sand
reist per Elefant
heimwärts durch die Nacht
bis der Tag erwacht.

Sophie Brandes

Überraschender Besuch

Neulich, mitten in der Nacht,
da hat es plötzlich laut gekracht,
und während ich so liege –
deutlich knarrt die Stiege –
drauf öffnet sich die Tür,
also, ich kann nichts dafür:
Denn draußen steht ein Wal,
tonnenschwer, mehr breit als schmal.
Kaum zu glauben, was ich da höre:
Entschuldige, sagt er, dass ich störe,
denn draußen herrscht ein Schweinewetter,
in deinem Bett, da wär es netter!
Ich fand das, ehrlich, eher peinlich.
So ein Wal, ist der auch reinlich?
Und das, wie gesagt, mitten in der Nacht.
Zum Glück bin ich gleich drauf aufgewacht!

Werner Pichler

Was hab ich bloß geträumt

Hast du auch schon einmal im Traum
eine sonderbare Geschichte erlebt?
Vielleicht konntest du fliegen?
Vielleicht warst du bärenstark?
Vielleicht bist du auch in ein tiefes Loch gestürzt? ...
Kannst du dich an einen deiner Träume erinnern?

Werkstatt

Du kannst es auch so machen wie Jule.
Sie schreibt ihren „Tagtraum“ auf
und schickt ihn ihrem Freund in einem Brief.

Lieber Marcel,
wenn ich allein bin, meistens wenn
ich Ferien habe, und Mama und Papa
und Martin auf Arbeit sind, bin ich
oft traurig.
Dann lege ich mich ins Bett und
decke mich bis über den Kopf zu.
und denke über schöne Stunden
mit Mama, Papa und Martin nach.
Aber auf einmal klingelt das Telefon
und ich erwache wieder aus meinem
Traum und renne ans Telefon.
Mama ist dran. Sie fragt: „Was
machst du denn?“ Und ich sage
mit heiserer Stimme wie jedesmal:
„Ich liege im Bett und träume.“
Und Mama antwortet: „Na, dann
möchte ich dich nicht weiter stören.“
Ich lege mich wieder ins Bett, aber
ich kann nicht mehr träumen
und ich setze mich vor den Fernseher.

Deine Jule

Jule, 9 Jahre

Wie entstehen Geschichtenlieder?

Fragen an Monika Ehrhardt und Reinhard Lakomy

Wie entstehen Ihre Geschichtenlieder? Erst die Worte, dann die Melodie?

Monika Ehrhardt: Bei unseren 7 Geschichtenlieder CD/MCs entstand und entsteht immer zuerst die ganze Geschichte, dann kommen die Liedertexte hinein wie die Rosinen in einen Kuchen. Und danach erst ist Lacky an der Reihe mit dem Komponieren und Arrangieren.

Was heißt denn arrangieren?

Reinhard Lakomy: Nachdem ich mir eine Melodie auf den Text ausgedacht habe, muss ich mir gut überlegen, welche Instrumente die Stimmung, die Laune des Liedes, am besten ausdrücken können. Und dann müssen die Instrumente auch miteinander zurechtkommen, sich nicht gegenseitig behindern. Sie müssen eben gut arrangiert sein.
Das schreib ich auf und das ist ein Arrangement.

Muss man das richtig lernen wie einen Beruf?

Reinhard Lakomy: Klar, so wie Arzt oder Pilot. Ich hab mit 5 Jahren angefangen, Klavier zu spielen. Dann kam ich auf die Musikschule, dann auf die Musikhochschule, also ich kann gar nichts anderes als Musik, ich bin Klavierspieler, Komponist und Sänger. Ungefähr 250 Musiken für Film und Theater habe ich schon gemacht und bestimmt schon ebensoviele Lieder.

Schreiben Sie auch selber Liedertext?

Reinhard Lakomy: Nein, lieber eine Sache richtig können, als zwei nur halb. Ich arbeite mit der Schriftstellerin Monika Ehrhardt zusammen. Wir kommen sehr gut klar miteinander, nicht nur in der Arbeit. Deshalb haben wir irgendwann geheiratet, und wir haben eine Tochter, die ist jetzt 12 Jahre alt.

Schreiben Kinder Ihnen ihre Meinung zu den Liedern?

Monika Ehrhardt: Ja. Und viele Bilder kriegen wir geschickt, ganze Kindergärten und Schulklassen schreiben. Es kam schon Post aus Kitas, die heißen „Der Traumzauberbaum“,

„Paule Platsch“ oder „Waldwuffel-Kita“, „Moosmutzelhaus“, alles Namen aus unseren vielen Kinder-CDs. Das ist doch prima, oder?

Wie heißt Ihre neue Platte für Kinder?

Monika Ehrhardt: Die ist noch lange nicht fertig, aber sie heißt „Josefine, die Weihnachtsmaus“. Das ist eine freche Maus, die klaut zu Weihnachten in einer üppigen Speisekammer, damit die armen Mäuse auch ein schönes Fest haben. Dabei wird sie erwischt und mehr wird nicht verraten.

Und warum machen Sie so gern Kinderkonzerte und Sachen für Kinder?

Reinhard Lakomy: Weil es mir Spaß macht. Kinder können wer weiß wie doll strahlen vor lauter Glück, und vor Freude hopsen wie ein Floh. Aber wenn ihnen was nicht gefällt, teilen sie das auch ziemlich direkt mit, indem sie zum Beispiel im Konzert lieber aufs Klo gehen, als im Saal zu bleiben. Alles klar, hab ich auch so gemacht.

Monika Ehrhardt/
Reinhard Lakomy
„Der Regenbogen“

Gespensterduett

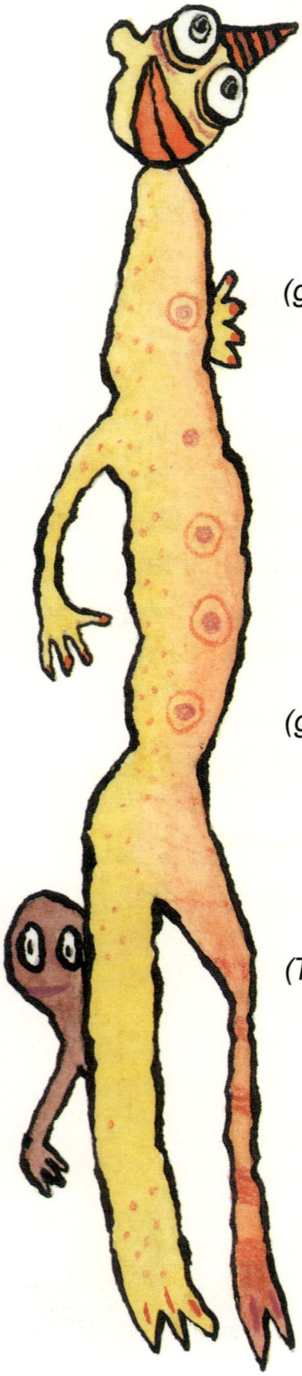

Komm, du Schöne, tanz mit mir, reich dein kaltes Händchen,
Mitternacht bis früh um vier, ein Gespenstertänzchen.
Huhuhuhuhugo, Huhuhuhuhulda, Huhuhuhuhugo,
Hulda, Hugo.

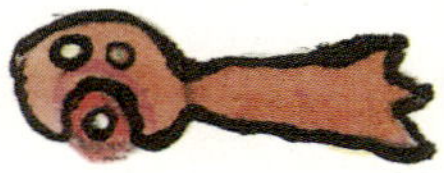

(gesprochen)
Hulda, wo bist du? Ich kann dich nicht sehen.
Kein Wunder, Hugo, du hast gerade deinen Kopf abgesetzt.
Wo habe ich den nur wieder hingelegt?
Du hast ihn unterm Arm, Süßer.
Mein Gespensterbräutigam hat nur noch drei Zähne,
niemals braucht er einen Kamm, Haare hat er keene.
Huhuhuhuhulda, Huhuhuhuhugo, Huhuhuhuhulda,
Hugo, Hulda.

(gesprochen)
Hugo, sieh doch mal hier hinein!
Ach! Hulda! Wer ist dieser grässliche Kerl da drin?
Hugo, du schaust gerade in einen Spiegel.
Ach Hulda! Haha, haha.

(Tür quietscht)
Ach, schön, jetzt kommt jemand zum Erschrecken!
Hugo! Schnell weg!
Da ist wieder so eine furchtbare Taschenlampe!
Hulda, Hulda! Warte doch! Ich habe solche Angst!
Hilfe!
Warte doch, Hulda! Ich habe solche Angst! …

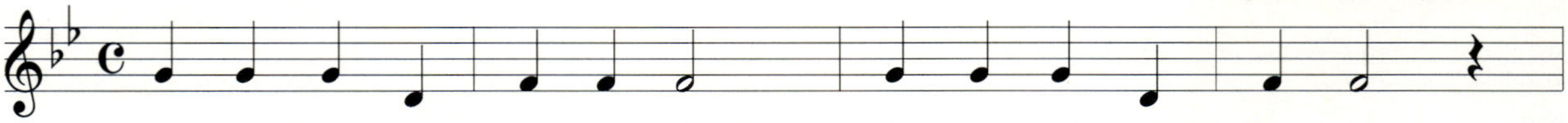

Hexeneinmaleins

Du musst verstehn!
Aus Eins mach Zehn,
Und Zwei lass gehn,
Und Drei mach gleich,
So bist du reich.
Verlier die Vier!
Aus Fünf und Sechs –
So sagt die Hex –
Mach Sieben und Acht,
So ist’s vollbracht:
Und Neun ist Eins,
Und Zehn ist keins.
Das ist das Hexeneinmaleins.

Johann Wolfgang von Goethe

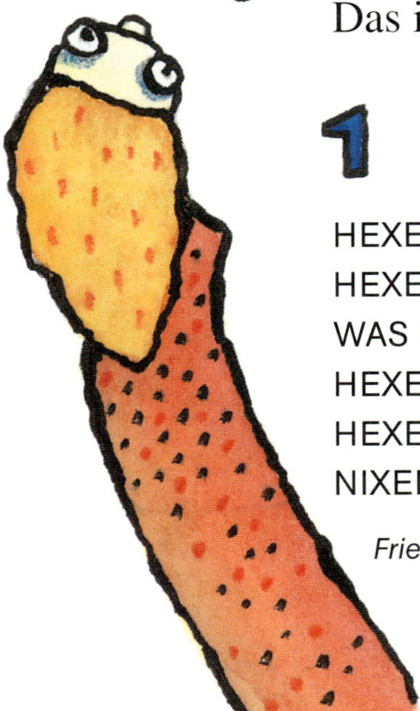

HEXEN HEXEN WAS?
HEXEN HEXEN WAS.
WAS HEXEN HEXEN?
HEXEN HEXEN NIXEN.
HEXEN NIXEN WAS?
NIXEN HEXEN NIX.

Friedl Hofbauer/Anna Melach

Wirrle - knirrle - knarrlelat

Wenn die Hexe Bauchweh hat,
macht sie sich einen guten **Salat.**
Sie nimmt einen Lauchstengel.
Sie nimmt einen Lauchstengel und einen Zwetschgenstein.
Sie nimmt einen Lauchstengel und einen Zwetschgenstein und …
(Fügt immer ein Wort dazu, bis der Salat fertig ist.)
… Rosenkohl, … Birnenstiel …
Wirrle - knirrle - knarrlelat,
fertig ist nun der Salat!

Wenn die Hexe Zahnweh hat,
macht sie sich einen **Wickel.**
Sie nimmt einen Rettich.
Sie nimmt einen Rettich und ein Kohlblatt.
Sie …
… Weidenzweig, … Rattenschwanz, … Spinnenfaden …
Wirrle - knirrle - knarrlezwickel,
fertig ist der Hexenwickel!

Wenn die Hexe Husten hat,
kocht sie sich einen **Tee.**
Sie nimmt einen Mausezahn.
… Eierschwamm, … Zwiebelhaut,
… Knoblauchzeh, …. Lattichstiel,
… Eidechsenschwanz …
Wirrle - knirrle - knarrleknee,
fertig ist der Hexentee!

Wenn die Hexe Kopfweh hat,
mischt sie sich ein **Pulver**.

Zauberstab und Zauberhut

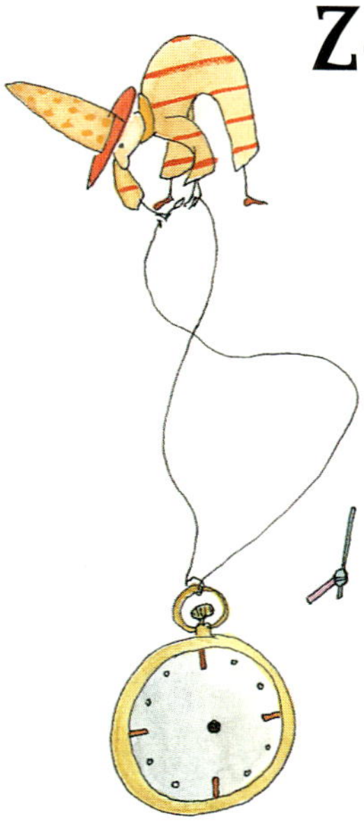

Zauberstab und Zauberhut,
gelb mit roten Drachen,
stehn dem alten Zauberer gut,
sind seine besten Sachen.
Abends in der Zauberküche
übt er seine Zaubersprüche,
das erhöht die Zauberkraft.
Zaubern kann er zauberhaft.

Morgens steht der Zauberer auf
aus dem Zauberbette,
bringt die Zauberuhr in Lauf
an der Zauberkette.
Und er wäscht sich mit der Zauber-
seife Hals und Ohren sauber.
Und dann stehn ihm doppelt gut
Zauberstab und Zauberhut.

Peter Hacks

AEIOU

Tante Klara macht am Abend
manchmal sich ein warmes Bad,
radelt gern und mag Bananen
oder Ananassalat.

Besengret, die Wetterhexe,
hext den Regen, hext den Schnee,
fegt auf ihrem Hexenbesen
über Felder, Berg und See.

Zipf und Kipf, die beiden Wichtel,
sitzen schon seit Viertel vier
auf dem Fliegenpilz und trinken
Wichtelwein und Wichtelbier.

Oben jodelt, oh wie komisch,
Onkel Otto aus Tirol,
hat ein Loch im Hosenboden
und kocht morgen Rosenkohl.

Unten schlurft durch dunkle Stuben
Urgroßmutter Uhlenfuß,
brummt und braut Rapunzelsuppe,
Wurzelwein und Gurkenmus.

Werner Halle

Vom Frosch Florian und der Krähe

Der Frosch Florian saß auf einem Seerosenblatt und war mit seinem Quaken nicht mehr zufrieden. „Immer quak, wie langweilig“, quakte er und … erschrak. Denn am Ufer sah er die Krähe sitzen. „Du bist ja ganz blassgrün“, krächzte sie. „Keine Angst, ich tu dir nichts. Dir geht das Gequake auf den Wecker? Ich fände es lustig, einen Tag lang zu quaken. Dafür leihe ich dir meine herrliche Stimme.“ „Quak, die klingt ja wie ein rostiger Mülleimer“, lachte der Florian.
Aber die Krähe war schon in den Wald geflogen und holte die Zauberfee. Sie sprach: „Wer singt, macht quak für einen Tag; wer quakt, der singe. Zauber gelinge!“ Und nun krächzte der Frosch, und die Krähe flog quakend davon.
Am anderen Morgen trafen sich die beiden wieder – die Krähe mit zerzaustem Gefieder und Florian mit einer blauen Beule am Kopf.
„Willst du zur Modenschau mit deinem blauen Hütchen?“, spottete die Krähe. „Nein“, quakte der Frosch, „ich dachte, wenn ich singen kann, dann kann ich auch fliegen.“
„Und mich hat der Storch mit dir verwechselt und mir die schönsten Federn zerrupft“, schimpfte der Vogel. „Und ich dachte, du warst in der Reinigung und sie haben das Bügeln vergessen“, foppte Florian, machte einen Kopfsprung und verschwand zwischen den Seerosenblättern.

Erika Scheuering

Im Lande Verkehrt

Im Januar fällt dort warmer Regen,
zwei Meter Schnee gibt's im Juli dagegen,
im August sind alle Fenster gefroren.
Die Brillen setzt man hinter die Ohren.
Am größten sind dort die kleinen Zehen.
Briefträger sieht man auf Händen gehen.
Als erste werden die Faulenzer wach,
die Autos fliegen von Dach zu Dach.
Die Feuerwehr lässt Fernsehantennen
mit Schorsteinen um die Wette rennen.
Auf jedem Platz steht ein Verkehrspolizist,
der sagt dir, wo's noch verkehrter ist.

Hans Baumann

Das Märchen vom Schlaraffenland

Drei Meilen hinter Weihnachten liegt das Schlaraffenland,
auf dem Weg zum Paradies, gleich linker Hand.
Dort werden alle Armen reich. Wer in dieses Land kommen will,
muss sich durch einen Berg aus Hirsebrei essen.
Ist er hineingelangt, dann wird ihm nichts mehr misslingen.
Er wird allzeit wohl leben und von früh bis spät guter Dinge sein.
Die Häuser sind im Schlaraffenland mit Eierkuchen gedeckt,
Türen und Wände aus Lebkuchen gebaut.
Ihr Kinder, zieht alle in dies Land, dort habt ihr
die Lebkuchen umsonst, die ihr hier so teuer bezahlen müsst!
Um jedes Haus ist ein Zaun aus Bratwürsten geflochten,
die sind schön braun gebraten.
Wer will, mag sie essen, es ist niemandem verboten.

Aus den Brunnen fließt süßer roter Wein. Trinkt ihr den gern? Dann seht zu, dass ihr schnell ins Schlaraffenland kommt!

Fällt im Sommer ein Wetter ein,
so regnet's lauter Honig fein.
Alle, die gern schlecken,
die laufen in das Land hinein,
da haben sie zu lecken.

Im Winter, wenn es schneien tut,
so schneit es lauter Zucker gut,
gut Feigen und gut Mandel;
und wer sie gerne essen tut,
hat da einen feinen Handel.

Auf den Bäumen wachsen Buttersemmeln und die Bäche führen Milch statt Wasser. Die Semmeln fallen hinein und weichen sich fein selber ein. Wohlauf, Gretel und Steffen, eilt zu dem Milchbach hin und vergesst nicht einen großen Löffel! Die Fische in den Teichen sind schon gebacken und gesotten. Sie schwimmen ans Ufer und steigen an Land um sich essen zu lassen. In der Luft fliegen gebratene Hühner, Gänse und Tauben. Wer zu faul ist, sie zu fangen, dem fliegen sie von selbst ins Maul. Die Schweine sind dort allejahr wohl geraten. Sie laufen umher und sind schon gebraten. Im Rücken steckt ihnen ein Messer. Wer will, mag sich ein Stück herunterschneiden.

Ein warmes Bad ist auch in dem Land, das besitzt große Kräfte.
Alte Leute, die darin baden, werden sogleich wieder jung.
Ums Geld muss sich dort keiner abrackern.
Wer aber viel schläft, dem zahlt man für die Stunde einen Taler.

Wer tölpisch ist und gar nichts kann,
der wird im Land zum Edelmann.
Und wer kein anderes Handwerk versteht
als essen, spielen, schlafen,
den macht man bald zum Grafen.
Doch wer gilt als Erster im Schlaraffenland?
Der Allerfaulste! Er wird zum König ernannt.
Wollt ihr euch auf die Reise machen?
Ihr braucht nur einen Stummen zu fragen –
er wird den Weg euch sagen.

Reimar Gilsenbach

Heute ist verkehrte Welt

Heute ist verkehrte Welt.
In den Kühlschrank kommt das Geld
Und ins Portmonee der Fisch.
Auf dem Pudding steht der Tisch.
Durch die Autos fahren Straßen,
Man riecht mit dem Ohr und hört
mit den Nasen.
Wo die Sonne scheint, ist Nacht
Der Briefträger wird von der Post
gebracht.
Im Rettich liegen siebzehn Kisten
Das Cello spielt auf dem Cellisten
Vier Stühle hat ein gedrechseltes Bein
Der Hund rennt durchs Haus
in die Tür hinein.
Die Frösche miauen,
die Katzen quaken
Der Schmied hämmert Würste,
der Fleischer kocht Haken
Die Gänse sind mager,
die Hummeln sind fett
Die Kinder bringen die Eltern ins Bett.

Rainer Kirsch

Die Zeit vergeht

Mein Märchenvorleser

Papa
Sitzt manchmal
An meinem Bett
Und liest mir ein Märchen vor
Dabei rutscht ihm
Die Brille
Auf die Nase
Und die Augen
Fallen ihm zu
Wie schade
Wenn er an meinem Bett
Einschläft
Bevor der Märchenprinz
Die Prinzessin
Wach küssen konnte

Rainer Hohmann

Meine Urgroßeltern

Urgroßvater Daniel umsegelte die
Welt noch mit einem Segelschiff.
Viel haben er und seine Frau
in ihrem langen Leben erfahren.
Wir Enkel und Urenkel hörten
ihnen gern zu, wenn sie erzählten,
denn sie kannten viele Märchen,
Geschichten, Sagen und Lieder.
Heute habe ich selbst Enkel,
denen ich Geschichten erzähle.

Heide Krahnepuhl

Die großen und die kleinen Fische

Tief unten auf dem Meeresgrund lebte einmal ein Schwarm großer Fische, die recht eingebildet waren und sich einen Spaß daraus machten, über die kleinen Fische herzuziehen.
„Ach, ihr armen, nutzlosen Wesen“, lästerten sie, „ihr seid so unscheinbar, dass man euch kaum sieht.“
Mitunter taten sie auch so, als wollten sie die kleinen Fische beschützen, und meinten: „Ihr seid wahrlich zu bedauern, dass ihr so winzig seid und den Tücken des Meeres nicht gewachsen.“
Aber als die Fischer eines Tages ihre Netze ins Meer auswarfen, waren die großen Fische plötzlich gefangen. Die kleinen hingegen konnten sich alle retten, indem sie geschickt durch die Maschen des Netzes hindurchschlüpften. Und dabei wurde ihnen klar, dass es gar kein Unglück war, klein zu sein …

nach Äsop

Das Kätzchen und die Stricknadeln

Es war einmal eine arme Frau, die in den Wald ging, um Holz zu lesen. Als sie mit ihrer Bürde auf dem Rückwege war, sah sie ein krankes Kätzchen hinter einem Zaun liegen, das kläglich schrie.
Die arme Frau nahm es mitleidig in ihre Schürze und trug es nach Hause zu. Auf dem Wege kamen ihre beiden Kinder ihr entgegen und wie sie sahen, dass die Mutter etwas trug, fragten sie: „Mutter, was trägst du?“ und wollten gleich das Kätzchen haben; aber die mitleidige Frau gab den Kindern das Kätzchen nicht,

aus Sorge, sie möchten es quälen, sondern sie legte es zu Hause auf alte, weiche Kleider und gab ihm Milch zu trinken.
Als das Kätzchen sich gelabt hatte und wieder gesund war, war es mit einem Male fort und verschwunden.

Nach einiger Zeit ging die arme Frau wieder
in den Wald und als sie mit ihrer Bürde Holz
auf dem Rückwege wieder an die Stelle kam,
wo das kranke Kätzchen gelegen hatte,
da stand eine ganz vornehme Dame dort,
winkte die arme Frau zu sich und warf ihr
fünf Stricknadeln in die Schürze.
Die Frau wusste nicht recht, was sie denken sollte,
und dünkte diese absonderliche Gabe ihr gar
zu gering; doch nahm sie die fünf Stricknadeln
des Abends auf den Tisch.
Aber als die Frau des andern Morgens
ihr Lager verließ, da lag ein Paar neue,
fertig gestrickte Strümpfe auf dem Tisch.
Das wunderte die arme Frau über alle Maßen
und am nächsten Abend legte sie die Nadeln
wieder auf den Tisch und am Morgen darauf
lagen neue Strümpfe da.
Jetzt merkte sie, dass zum Lohn ihres Mitleids
mit dem kranken Kätzchen ihr diese
fleißigen Nadeln beschert waren, und ließ
dieselben nun jede Nacht stricken, bis sie
und die Kinder genug hatten.
Dann verkaufte sie auch Strümpfe
und hatte genug bis an ihr
seliges Ende.

Ludwig Bechstein

Vom Raben und Fuchs

Ein Rabe hatte einen Käse gestohlen
und setzte sich auf einen hohen Baum
und wollte ihn verzehren.
Da er aber, wie es seine Art ist,
nicht schweigen kann, wenn er isst,
hörte ihn ein Fuchs über dem Käse
krächzen und lief herzu und sprach:
„O Rabe, ich habe mein Lebtag
keinen schöneren Vogel gesehen als dich.
Wenn du auch eine so schöne Stimme hättest,
sollte man dich zum König der Vögel krönen."
Den Raben kitzelte solches Lob
und Schmeicheln, er wollte seinen
schönen Gesang hören lassen
und als er den Schnabel auftat,
entfiel ihm der Käse.
Den nahm behende der Fuchs,
fraß ihn und lachte über den Raben.
Hüt dich vor Schmeichlern.

Martin Luther

Das gute und das böse Tier

Ein Mäuschen kam ins Freie, spazieren zu gehen. Es tummelte sich auf dem Hof und kehrte dann wieder zur Mutter zurück.
„Weißt du, Mütterlein, ich habe zwei Tiere gesehen.
Ein grimmiges und ein gutmütiges."
Die Mutter fragte: „Wie sehen sie denn aus, diese Tiere?"
Das Mäuschen antwortete: „Das grimmige Tier ging auf dem Hof hin und her und hatte schwarze Füße, einen roten Schopf, Glotzaugen und eine gebogene Nase. Als ich an ihm vorbeikam, riss es den Rachen auf, erhob ein Bein und schrie so laut, dass ich vor Angst nicht wusste, wo ich bleiben sollte."
„Das war ein Hahn", erklärte die alte Maus. „Der tut niemand was zuleide, vor ihm brauchst du keine Angst zu haben.
Nun, und das andere Tier?"
„Das andere lag in der Sonne und wärmte sich. Es hatte einen weißen Hals, graue, glatte Pfötchen, beleckte seine weiße Brust und bewegte nur ein bisschen das Schwänzchen, als es mich sah."
Die alte Maus sagte: „Ach, du Närrin, du Närrin!
Das war doch die Katze."

Leo Tolstoi

Das Burggespenst

Es klappert
und plappert,
es wispelt
und lispelt,
es gleitet
und schreitet,
es tappt
und trappt,
es haspelt
und raspelt,
es schwatzt
und kratzt,
es flüstert
und knistert,
es scharrt
und knarrt,
es keift
und pfeift,
es saust
und braust,

es raunzt
und maunzt,
es schleicht
ganz leicht
und höhnt
und stöhnt,
es zischt
und wischt,
es weint
und greint,
es wimmert
und schimmert
und glitzert und glänzt,
das Burggespenst.
Es heult immer schlimmer
und trabt durch die Zimmer:
Tripp, trapp, hiiii, heeee!
Klipp, klapp, fliiii, fleeee!
Auf fahlem Ross
durchs Geisterschloss.

Josephine Hirsch

Der weiße Hirsch

Es gingen drei Jäger wohl auf die Pirsch,
sie wollten erjagen den weißen Hirsch.

Sie legten sich unter den Tannenbaum;
da hatten die drei einen seltsamen Traum.

Der erste
„Mir hat geträumt, ich klopf auf den Busch,
da rauschte der Hirsch heraus, husch, husch!“

Der zweite
„Und als er sprang mit der Hunde Geklaff,
da brannt ich ihm auf das Fell, piff, paff!“

Der dritte
„Und als ich den Hirsch an der Erde sah,
da stieß ich lustig ins Horn, trara!“

So lagen sie da und sprachen, die drei,
da rannte der weiße Hirsch vorbei.

Und ehe die drei Jäger ihn recht gesehn,
so war er davon über Tiefen und Höhn.

Ludwig Uhland

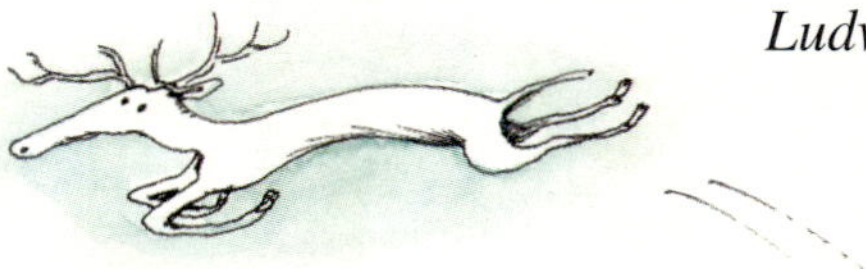

Der Regen

Es war einmal vor langer Zeit, als es nicht regnen wollte – viele Wochen hindurch. Da ging ein Bauer zum Regen und bat: „Wir haben geschlachtet und Kuchen gebacken. Komm, sei unser Gast!“

Gegen eine so freundliche Einladung hatte der Regen nichts einzuwenden. Er folgte dem Mann in sein Haus. Die Bäuerin, die Kinder, alle empfingen den Regen mit Freuden. Er fühlte sich wohl. Sieh mal an, wie gern sie mich haben! Einen Monat bleibe ich mindestens hier, sagte er sich.

Gedacht, getan. Der Regen blieb. Doch schon nach ein paar Tagen klagte die Bäuerin: „Wo soll ich nur meine Wäsche trocknen!“ Und der Bauer sorgte sich: „Das Getreide ist nass, das Wasser steht auf den Feldern. Wenn nur der Regen bald wieder ginge!“

Der Regen dachte nicht daran. Ihm gefiel es bei den Leuten; und er hätte sie wohl niemals mehr verlassen, wäre nicht eines Tages der Wind vorbeigekommen.

Der flüsterte dem Regen ins Ohr: „Schäm dich, so lange herumzusitzen und die Gastfreundschaft zu missbrauchen! Pack ein, reise ab, sieh gelegentlich wieder herein und alle werden dich herzlich willkommen heißen.“

Und er nahm den Regen beim Schopf und schob ihn zum Tore hinaus.

Ein lettisches Volksmärchen

Der Bauer und der Teufel

Es war einmal ein kluges und verschmitztes Bäuerlein, von dessen Streichen viel zu erzählen wäre; die schönste Geschichte ist aber doch, wie er den Teufel einmal drangekriegt und zum Narren gehabt hat.
Das Bäuerlein hatte eines Tages seinen Acker bestellt und rüstete sich zur Heimfahrt, als die Dämmerung schon eingetreten war. Da erblickte er mitten auf seinem Acker einen Haufen feuriger Kohlen und als er voll Verwunderung hinzuging, so saß oben auf der Glut ein kleiner schwarzer Teufel. „Du sitzest wohl auf einem Schatz?“, sprach das Bäuerlein.
„Jawohl“, antwortete der Teufel, „auf einem Schatz, der mehr Gold und Silber enthält, als du dein Lebtag gesehen hast.“
„Der Schatz liegt auf meinem Feld und gehört mir“, sprach das Bäuerlein.
„Er ist dein“, antwortete der Teufel, „wenn du mir zwei Jahre lang die Hälfte von dem gibst, was dein Acker hervorbringt; Geld habe ich genug, aber ich trage Verlangen nach den Früchten der Erde.“
Das Bäuerlein ging auf den Handel ein.

„Damit aber kein Streit bei der Teilung entsteht", sprach es,
„so soll dir gehören, was über der Erde ist, und mir, was unter der Erde ist."
Dem Teufel gefiel das wohl, aber das listige Bäuerlein hatte Rüben gesät.
Als nun die Zeit der Ernte kam, so erschien der Teufel und wollte
seine Frucht holen, er fand aber nichts als die gelben welken Blätter
und das Bäuerlein, ganz vergnügt, grub seine Rüben aus.
„Einmal hast du den Vorteil gehabt", sprach der Teufel,
„aber für das nächste Mal soll das nicht gelten.
Dein ist, was über der Erde wächst, und mein, was darunter ist."
„Mir auch recht", antwortete das Bäuerlein.
Als aber die Zeit zur Aussaat kam, säte das Bäuerlein nicht wieder Rüben,
sondern Weizen. Die Frucht ward reif, das Bäuerlein ging auf den Acker
und schnitt die vollen Halme bis zur Erde ab. Als der Teufel kam, fand er nichts
als die Stoppeln und fuhr wütend in eine Felsenschlucht hinab.
„So muss man die Füchse prellen", sprach das Bäuerlein, ging hin
und holte sich den Schatz.

Gebrüder Grimm

Der Handschuh

Es war einmal ein alter Mann,
der ging in den Winterwald
und sein Hündchen lief hinterher.
Und wie er so ging, fiel sein
Handschuh in den Schnee.

Da kam ein Mäuslein angehuscht,
schlüpfte flink in den Handschuh
und piepste:
„Hier soll mein Häuslein sein!“

Bald stand ein Fröschlein
vor der Tür. Es fragte: „Wer wohnt
in diesem Handschuh hier?“
„Das Mäuslein Hurtigklein.
Und wer bist du?“

„Ich bin das Fröschlein Hüpfebein.
Lass mich bitte zu dir ein!“
„Nun schön, steig herein!“
Und sie machten es sich zu zweit
in dem Handschuh bequem.

Nicht lang darauf kam ein Häslein durch den Wald,
blieb vor dem Handschuh stehen und fragte:
„Wer wohnt in diesem Handschuh hier?“
„Das Mäuschen Hurtigklein, das Fröschlein Hüpfebein.
Und wer bist du?“
„Ich bin der Hase …“

Du kannst dein eigener
Märchendichter sein.
Denke dir aus, wer noch in dem Handschuh
wohnen möchte. Ob sich alle vertragen?
Was passiert wohl, wenn der Handschuh zu voll wird?

Als Uribert zum Waldfest flog

Im Kirchturm wohnte das Uhrenmännlein Uribert, das die große Kirchturmuhr überwachte. Weil die Uhr schon sehr alt war, musste das Männlein dem Zeiger jede Stunde einen Schubs geben und sie ging wieder richtig.

Eines Abends kam Eulalia, die Eule aus dem Dorfwald, angeflattert: „Komm mit zu unserem Fest, so ein wichtiger Mann wie du darf nicht fehlen.“ – „Unmöglich“, bedauerte das Uhrenmännlein, „ich muss doch den Zeiger alle Stunden anschubsen.“ Eulalia beruhigte ihn: „Ich werde dich rechtzeitig heimbringen.“ So setzte sich Uribert auf die Eule und beide flogen zum Dorfwald.

Da war was los! Die Froschkapelle spielte, der Vogelchor sang, der Regenwurm tanzte mit dem Schmetterling und der Igel mit dem Häschen. Die Blumenelfen schenkten süßen Honigwein aus und der schmeckte dem Uribert! Plötzlich wurde er so müde, dass er unterm Fliegenpilz einschlief. Dort fand ihn die Eule und flog mit ihm in den Kirchturm zurück. Uribert war sofort munter, denn er dachte an seine Pflicht und sang:

„Jetzt geb ich schwips und schwups
dem Zeiger einen Schubs …“

Und am anderen Morgen kamen alle Kinder eine Stunde zu spät in die Schule, weil Uribert zwei volle Stunden unterm Fliegenpilz geschlafen hatte. Aber der Herr Lehrer hat nichts bemerkt. Seine Taschenuhr war nämlich auch nach der Kirchturmuhr eingestellt.

Erika Scheuering

In dieser Minute

In der Minute, die jetzt ist –
und die du gleich nachher vergisst,
geht ein Kamel auf allen vieren
im gelben Wüstensand spazieren.
Und auf den Nordpol fällt jetzt Schnee
und tief im Titicacasee
schwimmt eine lustige Forelle.
Und eine hurtige Gazelle
springt in Ägypten durch den Sand.
Und weiter weg im Abendland
schluckt jetzt ein Knabe Lebertran.
Und auf dem großen Ozean
fährt wohl ein Dampfer durch den Sturm.
In China kriecht ein Regenwurm
zu dieser Zeit zwei Zentimeter.
In Prag hat jemand Ziegenpeter
und in Amerika ist wer,
der trinkt grad seine Tasse leer,
und hoch im Norden irgendwo,
da hustet jetzt ein Eskimo
und in Australien – huhu –
springt aus dem Busch ein Känguru.
In Frankreich aber wächst ein Baum
ein kleines Stück, man sieht es kaum
und in der großen Mongolei
schleckt eine Katze Hirsebrei.
Und hier bei uns, da bist nun du
und zappelst selber immerzu
und wenn du das nicht tätest, wär
die Welt jetzt stiller als bisher!

Eva Rechlin

Die Zeit

Man kann sie nicht riechen,
man kann sie nicht schmecken,
man kann sie einfach
nirgends entdecken.

Man kann sie vergeuden,
man kann sie vergessen.
Doch was man versäumt hat,
kann man nicht messen.

Man kann sie nicht kaufen,
man kann sie nicht borgen.
Man sucht das Gestern,
schon ist es morgen.

Man kann sie gut nutzen
und jemandem schenken
und wenn man Zeit hat,
an sie denken.

Gerald Jatzek

Blätter an meinem Kalender

Die Blätter an meinem Kalender,
Die sind im Frühling klein
Und kriegen goldene Ränder
Vom Märzensonnenschein.

Im Sommer sind sie grüner,
Im Sommer sind sie fest,
Die braunen Haselhühner
Erbaun sich drin ihr Nest.

Im Herbst ist Wolkenwetter
Und Sonnenschein wird knapp,
Da falln die Kalenderblätter,
Bums, ab.

Im Winter, wenn die Zeiten hart,
Hat es sich auskalendert.
Ich sitze vor der Wand und wart,
Dass sich das Wetter ändert.

Peter Hacks

Kalendermacher

Für den Kalender findest du im Lesebuch
Gedichte und Geschichten.
Suche dir aus, was dir gefällt!

Jahreszeitenkalender

Monatskalender

Du kannst auch selbst kleine Gedichte
für deinen Kalender schreiben.

Laternengedichte

Bei diesen Gedichten werden die Silben der Wörter
in den fünf Zeilen so angeordnet,
dass sie die Form einer Laterne bilden.

1. Zeile – 1 Silbe
2. Zeile – 2 Silben
3. Zeile – 3 Silben
4. Zeile – 4 Silben
5. Zeile – 1 Silbe

Elfchen

Diese Gedichte enthalten elf Wörter.

1. Zeile – 1 Wort – eine Eigenschaft, zum Beispiel eine Farbe
2. Zeile – 2 Wörter – etwas, was die Farbe hat
3. Zeile – 3 Wörter – Bestimmung, wo es ist oder was es tut
4. Zeile – 4 Wörter – etwas über sich selbst, beginnt oft mit „ich“
5. Zeile – 1 Wort – abschließendes Wort

Leise zieht durch mein Gemüt

Leise zieht durch mein Gemüt
Liebliches Geläute,
Klinge, kleines Frühlingslied,
Kling hinaus ins Weite.

Kling hinaus bis an das Haus,
Wo die Blumen sprießen.
Wenn du eine Rose schaust,
Sag, ich lass sie grüßen.

Heinrich Heine

Mailied

Die Schwalbe fliegt, der Kuckuck ruft
In weicher, blauer Maienluft;
Die gelb und weißen Blumen wehn
Wie Gold und Silber auf den Höhn;
Es schwimmet Tal und Busch und Hain
Im Meer von goldnem Sonnenschein.

Ludwig Christoph Heinrich Hölty

Veilchen

Es dämmerte und die Mutter stieg in den Keller
um noch etwas für das Abendbrot heraufzuholen.
In den Wiesen bellte ein Rehbock und mein Sohn Matthes,
der gewaschen am Tisch saß, sprang auf und rannte hinaus,
um den Rehbock zu sehn.
Es wurde dunkel; er kam nicht heim. Die Mutter rief ihn
und ging ihn suchen; sie fand ihn nicht und kam murrend zurück.
Der Vollmond ging auf und Matthes kam heim;
er hatte die ersten Veilchen gepflückt.
Sie dufteten süß aus der schmutzigen Faust.

Erwin Strittmatter

Das Veilchen

Erst kommt der Star zurück, ein Weilchen
danach kommt auch das blaue Veilchen.
Es blüht versteckt,
wer es entdeckt,
den hat der Fühling aufgeweckt.

Heinz Kahlau

Ostereiersuchen

Kinder, Kinder!
Kommt herbei!
Suchen wir das Osterei.
Immerfort,
hier und dort
und an jedem Ort.
Ist es noch so gut versteckt,
endlich wird es doch entdeckt.
Hier ein Ei,
dort ein Ei,
bald sind's zwei und drei.

Heinrich Hoffmann von Fallersleben

Ostermorgen

Der Garten dick verschneit. Ah! – Oh! – Die ganze Familie staunt.
Eierverstecken fällt in diesem Jahr aus, erkläre ich.
Widerspruch: Versteckt wird! Na gut, aber im Hause. Nein, im Garten.
Ich ziehe los, Spankorb am Arm. Hier ein Grasbüschel, da eine Astgabel.
Ich wende alle List an, um die bunte Eierfuhre in ein Versteck zu bringen.
Aufbruch in der Winterstille des Ostermorgens: Frau, Tochter, Sohn.
Hallodria. Geschrei.
Nach kurzer Zeit sind alle Geschenke wieder im Korbe.
Das ging aber rasch, sage ich.
Keine Kunst – deine Spuren im Schnee …

Werner Lindemann

April, April!

Am Nachmittag, als wir unsere Schulaufgaben gemacht hatten,
lief Lasse zum Südhof und sagte zu Ole:
„Ole, ein Lumpensammler ist in den Nordhof gekommen.
Er kauft Steine auf."
„Steine kauft er?", fragte Ole, der ganz vergessen hatte,
dass erster April war. „Was denn für Steine?"
„Na, solche Steine, wie ihr sie hier im Garten habt", sagte Lasse.
Und Ole fing an so viele Steine, wie er konnte, in einen Sack
zu sammeln. Und dann hastete er mit dem vollen Sack
zum Nordhof. Dort war wirklich ein Mann, aber der kaufte
nur Lumpen und Flaschen.
„Bitte, hier haben Sie noch meine Steine", sagte Ole.
Er schleppte dem Mann den Sack entgegen und sah ganz
verzückt aus.
„Steine?", fragte der Mann und begriff nicht. „Sagtest du Steine?"
„Und ob", sagte Ole und sah noch verzückter aus.
„Richtige, prima Feldsteine sind es. Ich habe sie selbst
in unserem Garten aufgesammelt."
„Ach so", sagte der Mann, „da haben sie dich aber
schön angeführt, mein kleiner Freund."
Da erinnerte sich Ole, dass ja erster April war.
Sein Gesicht lief rot an und er nahm den Sack über die Schulter
und zog damit wieder nach Hause, ohne ein Wort zu sagen.
Aber hinter dem Zaun stand Lasse
und schrie laut: „April, April!"

Astrid Lindgren

Sommer

Weißt du, wie der Sommer riecht?
Nach Birnen und nach Nelken,
nach Äpfeln und Vergissmeinnicht,
die in der Sonne welken,
nach heißem Sand und kühlem See
und nassen Badehosen,
nach Wasserball und Sonnenkrem,
nach Straßenstaub und Rosen.

Weißt du, wie der Sommer schmeckt?
Nach gelben Aprikosen
und Walderdbeeren, halb versteckt
zwischen Gras und Moosen,
nach Himbeereis, Vanilleeis
und Eis aus Schokolade,
nach Sauerklee vom Wiesenrand
und Brauselimonade.

Weißt du, wie der Sommer klingt?
Nach einer Flötenweise,
die durch die Mittagsstille dringt,
ein Vogel zwitschert leise,
dumpf fällt ein Apfel in das Gras,
ein Wind rauscht in den Bäumen,
ein Kind lacht hell, dann schweigt es schnell
und möchte lieber träumen.

Ilse Kleberger

Ein Sommertag im Zoo

Ein Sommer vor vielen Jahren. Anna feierte ihren sechsten Geburtstag. Schon lange hat sie sich gewünscht, an diesem Tag in den Zoo zu gehen. Es ist Sonntag und sehr heiß. Deshalb dürfen Anna und ihre kleine Schwester Sonnenhüte tragen. Außerdem hat Anna sich gewünscht, dass ihre Mutter ebenfalls etwas Weißes anzieht, damit sie sich noch ähnlicher sehen. Denn alle drei haben die gleichen rötlich-braunen Haare. Im Zoo merken sie, dass die Felle des Rehs und der beiden Antilopen ebenfalls diesen Farbton haben: ein schönes, sanftes Braun. Eigentlich ist alles an diesem Nachmittag in ein sanftes Licht getaucht. Nichts ist grell, nichts ist laut. Weder die Tiere noch die Menschen haben Lust sich zu bewegen. Die Mutter betrachtet das Reh, während Anna sich schon zu den beiden Pelikanen umgedreht hat. Die können wenigstens mit den Füßen im Wasser stehen und haben es ein wenig kühler. Das zeigen uns auch die kühlen Farben Weiß und Blau. Im Hintergrund spazieren Männer in dunklen Sonntagsanzügen und mit Melonenhüten auf dem Kopf herum.

Astrid von Friesen

Oktober

Es gibt Leute, die sagen immer,
Die Sonne lache.
Da wollte ich einmal wissen,
Wie sie das bloß immer mache.

Da hab ich gesagt:
Ich habe heute noch nichts gehört.
Da haben sie mich groß angeguckt
Und waren verstört.

Da hab ich den roten Drachen steigen lassen.
Da haben die Leute hinterher gelinst.
Da hat die Sonne nicht einmal gelächelt,
Aber mein Drachen gegrinst.

Dieter Mucke

Drachen steigen lassen

Im Herbst, wenn ein starker Wind weht,
lassen die Kinder bei uns ihre Drachen steigen.
Zuerst haben das aber die Kinder in Japan getan.
Sie malen den Drachen Gesichter auf
oder geben ihnen die Formen von Tieren.
Manche sehen dann aus wie Vögel, Schmetterlinge
oder Libellen. Es gibt aber auch Tiger
und richtige Drachen. Das macht das Spiel
mit den Drachen noch viel lustiger.

Manchmal gibt es auch Wettkämpfe
zwischen den Jungen. Sie schmieren die Schnur
ihrer Drachen mit Glasstaub ein. Jeder versucht
den Drachen des anderen zum Absturz zu bringen.
Wenn dann die Schnur zerreißt, fliegt einer
der schönen Drachen davon!

Joker Altus

Was der Nebel fertig bringt

Liesl geht mit ihrem Vater spazieren.
Im allerdicksten Nebel!
„Nebel ist das Allerlangweiligste“, sagt die kleine Liesl.
„Finde ich nicht“, sagt der Vater.
„Wieso nicht?“
„Überleg doch nur, was der Nebel alles fertig bringt!“
sagt der Vater.
„Er setzt jedem Busch einen Zauberhut auf
und die Büsche sind nicht mehr zu sehen.
Er setzt jedem Haus einen Zauberhut auf
und die Häuser sind nicht mehr zu sehen.
Jedem Berg, jedem Hund, jeder Katze, jedermann
setzt der Nebel einen Zauberhut auf!“
„Und sie alle sind nicht mehr zu sehen“, sagt
die kleine Liesl.
„Und jetzt kommt das Tollste“, fährt der Vater fort.
„Zuletzt setzt er sich selbst einen Zauberhut auf –
und wer ist nun nicht mehr zu sehen?“
„Der Nebel.“
„Richtig!“, sagt der Vater. „Der Nebel ist dann weg,
aber alles andere ist wieder da: die Büsche,
die Bäume, die Häuser, die Berge, alle Katzen,
alle Leute – und das findest du langweilig?“
„Man kann sich ja mal täuschen“, sagt die kleine Liesl.

Hans Baumann

Niesvember

November ist ein trüber Kerl,
er liebt den Nieselregen
und lässt den Wind mit Herbstblättern
durch graue Pfützen fegen.

Und meist bringt er uns Schnupfen
mit seinen Nebeltagen.
Da sollten wir doch passender
Niesvember zu ihm sagen!

Grit Baginski

Es schneit

Es schneit, juchhe, es schneit,
Schneeflocken weit und breit!
Ein lustiges Gewimmel
kommt aus dem grauen Himmel.

Was ist das für ein Leben!
Sie tanzen und sie schweben,
sie jagen sich und fliegen,
der Wind bläst vor Vergnügen.

Und nach der langen Reise,
da setzen sie sich leise
aufs Dach und auf die Straße
und dir frech auf die Nase.

Volksgut

Die Vögel warten im Winter vor dem Fenster

Ich bin der Sperling.
Kinder, ich bin am Ende.
Und ich rief euch immer im vergangnen Jahr,
wenn der Rabe wieder im Salatbeet war.
Bitte um eine kleine Spende.

Sperling, komm nach vorn.
Sperling, hier ist dein Korn.
Und besten Dank für die Arbeit.

Ich bin der Buntspecht.
Kinder, ich bin am Ende.
Und ich hämmerte die ganze Sommerzeit,
all das Ungeziefer schaffte ich beiseit.
Bitte um eine kleine Spende.

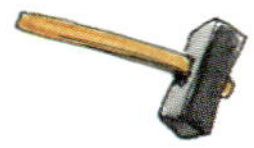

Buntspecht, komm nach vurn.
Buntspecht, hier ist dein Wurm.
Und besten Dank für die Arbeit.

Ich bin die Amsel.
Kinder, ich bin am Ende.
Und ich war es, die den ganzen Sommer lang
früh im Dämmergrau in Nachbars Garten sang.
Bitte um eine kleine Spende.

Amsel, komm nach vorn.
Amsel, hier ist dein Korn.
Und besten Dank für die Arbeit.

Bertolt Brecht

Heilige Nacht

So ward der Herr Jesus geboren
im Stall bei der kalten Nacht.
Die Armen, die haben gefroren,
den Reichen war's warm gemacht.

Sein Vater ist Schreiner gewesen,
die Mutter war eine Magd.
Sie haben kein Geld nicht besessen,
sie haben sich wohl geplagt.

Kein Wirt hat ins Haus sie genommen;
sie waren von Herzen froh,
dass sie noch im Stall sind gekommen.
Sie legten das Kind auf Stroh.

Die Engel, die haben gesungen,
dass wohl ein Wunder geschehn,
da kamen die Hirten gesprungen
und haben es angesehn.

Die Hirten, die will es erbarmen,
wie elend das Kindlein sei.
Es ist eine G'schicht für die Armen,
kein Reicher war nicht dabei.

Ludwig Thoma

Weihnachten

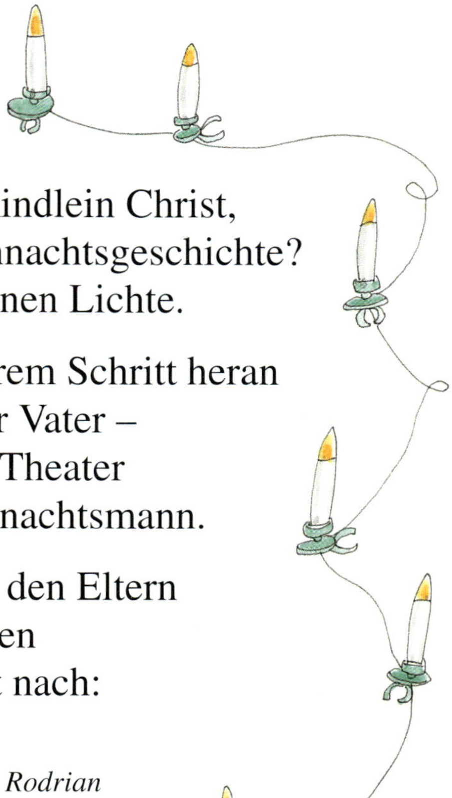

Wenn Weihnachten ist,
kommt dann zu uns das Kindlein Christ,
das Krippenkind der Weihnachtsgeschichte?
Jedenfalls leuchten Millionen Lichte.

Und es kommt mit schwerem Schritt heran
und mit tiefer Stimme: der Vater –
er macht ein freundliches Theater
als dicker Wattebart-Weihnachtsmann.

Und wir danken ganz lieb den Eltern
und wollen fleißiger werden
und denken über das Wort nach:
Friede auf Erden.

Fred Rodrian

Das wünsch ich dir zum neuen Jahr

Das wünsch ich dir:
Das größte Kuchenstück
und sieben Zentner Glück
und einen seidenweichen Traum
und einen eig'nen Apfelbaum
und noch ein Kuscheltier.
Das wünsch ich dir!

Das wünsch ich dir!
Fast immer Sonnenschein
und selten traurig sein.
Und wird es dir einmal zu heiß,
wünsch ich dir rosa Erdbeereis
und einen Kuss von mir.
Das wünsch ich dir!

Das wünsch ich dir!
Ein Stück Geborgenheit
und hergeschenkte Zeit.
Dass dann, wenn's nicht mehr weitergeht,
es einen gibt, der zu dir steht
und klingelt an der Tür.
Das wünsch ich dir!

Rolf Krenzer

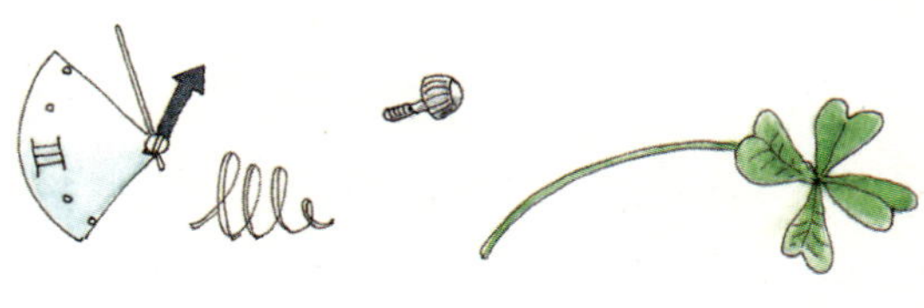

Das kleine Leselexikon zum Nachschlagen, Lesen und Weiterschreiben

ABC ABC ... und so weiter bis XYZ. 26 Buchstaben hat das deutsche ABC. Es wird auch Alphabet genannt. Wer es nicht kann, muss lange suchen, ehe er etwas in einem Inhaltsverzeichnis, im Wörterbuch oder im Telefonbuch findet.

Autor Das Wort kommt aus der lateinischen Sprache und heißt Verfasser. Autorinnen und Autoren verfassen Geschichten, Gedichte, Liedertexte, Theaterstücke, Hörspiele, Zeitungsartikel, Bücher... Manchmal werden sie auch Schriftsteller oder Dichter genannt. Wie die Autoren in deinem Lesebuch heißen, kannst du unter den Texten oder im Inhaltsverzeichnis lesen.

Buch Ein Buch besteht aus mehreren beschriebenen, bemalten oder auch bedruckten Blättern. Diese Blätter werden zwischen zwei Deckeln zusammengebunden.
Es gibt Bilderbücher, Lesebücher, Märchenbücher, Kochbücher, Liederbücher, Tierbücher ...

Bücherwurm Als Bücherwurm bezeichnet man einen Menschen, der gern und viel liest. Man sagt auch, er frisst sich durch die Bücher hindurch. Ein Tier namens Bücherwurm gibt es nicht.

Comic Comic ist das Kurzwort für Comic strips. Der Comic ist eine komische und abenteuerliche Bilderfolge in Streifen. Kleine Texte stehen in Sprechblasen. Ein Beispiel findest du im Lesebuch auf Seite 64.

Dichter siehe Autor

Erzählung Mutti oder Vati erzählen mir eine Gute-Nacht-Geschichte, Großvater erzählt von früher. Mein kleiner Bruder erzählt sein Erlebnis mit einem großen Hund. All das sind Erzählungen.
Im Lesebuch stehen auch viele Erzählungen, Geschichten, Märchen, Fabeln.

Elfchen Elfchen sind eine besondere Gedichtform. Beispiele findest du im Lesebuch auf Seite 161.

Eselsohren So heißen eigentlich die Ohren des Esels. Eselsohren nennt man aber auch die umgeknickten Ecken von Buchseiten.

Fabel Das Wort kommt aus der lateinischen Sprache und bedeutet so viel wie erdichtete Geschichte. In diesen Geschichten begegnen sich meistens Tiere, die wie Menschen handeln und sprechen. Fabeln wollen eine Lehre erteilen. Beispiele für Fabeln findest du im Lesebuch auf den Seiten 85 und 146.

Hörspiel Für das Hörspiel braucht man gute Ohren. Man muss nämlich nicht nur den Sprechern lauschen, sondern auch auf die Geräusche und die Musik hören. Hörspiele sind nach der Erfindung des Rundfunks entstanden. Heute hört man Hörspiele im Radio oder von einer Schallplatte, Kassette oder CD.

Illustrator Illustratorinnen und Illustratoren sind Künstlerinnen und Künstler, die Bilder für Bücher zeichnen oder malen.

Inhaltsverzeichnis Fast jedes Buch oder jede Zeitschrift hat vorn oder hinten eine Inhaltsübersicht. Dort findet man, was auf welcher Seite steht.

Kinderbibliothek Die Kinderbibliothek ist 1. der Name für eine Sammlung und 2. für ein Gebäude, indem sich die Sammlung befindet. In der Kinderbibliothek oder Kinderbücherei werden vor allem Kinderbücher, aber auch Comics, Zeitschriften, Schallplatten, Kassetten, CD's und Spiele gesammelt, geordnet aufgestellt und ausgeliehen. Wenn man etwas ausleihen will, bekommt man einen Leserausweis.

Leporello Das ist ein Buch, das sich wie eine Ziehharmonika auseinanderziehen lässt. Du kannst es selbst herstellen, indem du einen Streifen aus Karton oder Zeichenpapier wie eine Ziehharmonika faltest.

Leseratte Die Leseratte ist eine Verwandte des Bücherwurms.

Märchen Als es noch kein Fernsehen, ja noch nicht einmal gedruckte Bücher gab, erzählte man sich an den langen Winterabenden Märchen. Solche (Volks-)Märchen haben die Brüder Grimm vor fast zweihundert Jahren gesammelt. Ein Märchen der Brüder Grimm findest du im Lesebuch auf den Seiten 152 und 153. In den Märchen werden meist die Bösen bestraft und die Guten belohnt.

Pantomime Du hast zum Beispiel beim Fußballspielen ein Tor geschossen. Das willst du deinen Freunden vorspielen. Wenn du das tust und dabei nicht sprichst, dann machst du Pantomime. Anregungen für Pantomime findest du im Lesebuch auf Seite 47.

Quiz Mit deinem Leselexikon kannst du ein Spiel spielen. Das heißt Quiz (sprich: kvis). Es ist ein Frage-Antwort-Spiel. Spielen kannst du es mit Freunden oder mit deiner Familie. Und so kann man fragen:

Was sind Eselsohren?
Wie stellt man ein Leporello her?
Was geschieht, wenn man das ABC nicht kann?

Rätsel Rätsel stellen unseren Scharfsinn auf die Probe. Sie umschreiben Dinge, Wörter oder Vorgänge und wir müssen sie erraten. Gleich das erste Kapitel des Lesebuches beginnt mit einem Rätsel. Ganze Rätselrunden findest du auf den Seiten 101 und 106.

Schriftsteller siehe Autor

Theater Im Theater treten Schauspielerinnen und Schauspieler auf einer Bühne auf und spielen den Zuschauern ein lustiges oder trauriges Stück vor. Dabei sprechen oder singen sie. Die Zuschauer sehen und hören den Schauspielern zu. Manchmal spielen sie auch mit. Im Kaspertheater können die Zuschauer erleben, wie der Kasper den Teufel besiegt.

Titel Titel sind wichtig. Der Titel eines Buches verrät meistens schon, was den Leser des Buches erwartet. Die Titel der Lesebuchtexte findest du alle im Inhaltsverzeichnis.

Vers Vers nennt man die einzelne Zeile eines Gedichtes. Jeder Vers hat einen bestimmten Rhythmus. Man muss den Vers sprechen, um den Rhythmus zu spüren. Mehrere Verse zusammen bilden eine Strophe.

Zeitung Zeitungen sind Nachrichtenblätter, die täglich oder wöchentlich erscheinen. Sie melden die wichtigsten Tagesereignisse und zeigen dazu oft Fotos. Es wird über Ereignisse im eigenen Land und im Ausland berichtet, über Politik, Wirtschaft, Sport und Kultur. Außerdem gibt es einen Anzeigenteil. Manche Zeitungen haben auch Kinderseiten.

Zungenbrecher Zungenbrecher sind kleine Sprüche, in denen die Anfangsbuchstaben vieler Wörter gleich sind. Man muss sie ganz schnell sprechen und soll sich dabei nicht versprechen, sich also nicht die Zunge brechen. Ein Beispiel für einen Zungenbrecher findest du im Lesebuch auf Seite 14.

Hast du es gewusst? Rätselauflösungen

Seite 9: Die Schule
Seite 12: Ameise, Bengel, Sturm
Seite 22: Die Ampel
Seite 74: Weidenkätzchen
Seite 75: Der Laubbaum
Seite 83: Ameise
Seite 101:  Die Zunge, der Stuhl
 Der Frosch, die Sonne
 Fingerhandschuhe, das Wasser
 Die Schwalbe, der Schlitten

Verfasser- und Quellenverzeichnis

(S. 22) **Abraham, Peter:** Ich bin der Arne. Aus: Peter Abraham, ABC, lesen tut nicht weh. Der Kinderbuchverlag Berlin 1975.
(S. 169) **Altus, Joker:** Drachen steigen lassen. Aus: Wie die Kinder spielen. Gemeinschaftsausgabe von Corvina Kiado Budapest und Hoch-Verlag Düsseldorf, Printed in Hungary, 1984, o.S.
(S. 60) **Andresen, Ute:** Zahnarzt Purzel. Aus: Ute Andresen, ABC und alles auf der Welt. Ravensburger Buchverlag o.J.
(S. 9) **Arndt, Marga/Singer, Waltraut:** Viele Fenster und auch Türen. Aus: Fingerspiele und Rätsel für Vorschulkinder. Verlag Volk und Wissen Berlin 1979.
(S. 143) (nach) **Äsop:** Die großen und die kleinen Fische. Aus: Märchenzauber. Hrsg.: Anne Marie Dalmais. Franz Schneider Verlag GmbH München 1988.
(S. 12) **Appelmann, Karl-Heinz:** Bilderrätsel-ABC. Aus: Die A-Meise, Herold Verlag, Stuttgart 1985, © Altberliner Verlag, Berlin 1984.
(S. 115) **Aust, Siegfried:** Trari, Trara, die Post ist da! Aus: Siegfried Aust, Hallo Briefträger! Menschen bei der Post. Verlag Ueberreuter Wien 1993.
(S. 171) **Baginski, Grit:** Niesvember. Aus: Albert's bunte Bilderbude, Bd. 3. Der Kinderbuchverlag Berlin 1990.
(S. 90, S. 136, S. 170) **Baumann, Hans:** (S. 90) Ferienkoffer. Aus: Bilder und Gedichte für Kinder. Georg Westermann Verlag 1990. (S. 136) Im Lande verkehrt. Aus: Helmut Zöpfl und Petra Moll, Die schönsten Kindergedichte, W. Ludwig Verlag Pfaffenhofen 1979. (S. 170) Was der Nebel fertig bringt. Aus: Hans Baumann, Kinderland kennt keine Grenzen. Loewes Verlag Bayreuth 1982.
(S. 144/145) **Bechstein, Ludwig:** Das Kätzchen und die Stricknadeln. Aus: Bunte Märchenwelt (Kalender) Bild und Heimat Reichenbach i. V. 1980.
(S. 59) **Beier, Rosemarie:** Die Reise in den Kleiderschrank. Aus: Kleidung. Kleidung von oben bis unten, drunter und drüber. Hrsg.: Rosemarie Beier. Verein zur Förderung der Ökologie im Bildungsbereich e.V., in Zusammenarbeit mit dem Verlag Die Schulpraxis, Berlin 1988.
(S. 53) **Blum, Lisa-Marie:** Kemal. Aus: Texte dagegen. (Gulliver Taschenbuch 716) Hrsg.: Silvia Bartholl. Beltz Verlag Weinheim und Basel 1993.
(S. 91) **Borchers, Elisabeth:** Was ich dir wünsch? Aus: Das Geburtstagsbuch für Kinder. Insel Verlag Frankfurt am Main 1982.
(S. 124) **Brandes, Sophie:** Lena, wohin fliegst du? Ellermann Verlag München 1992.
(S. 50–52) **Bräunling, Elke:** Kerli. Aus: Ich komme von woanders her. Hrsg.: Rolf Krenzer. Georg Bitter Verlag Recklinghausen 1991.
(S. 173) **Brecht, Bertolt:** Die Vögel warten im Winter vor dem Fenster. Aus: Bertolt Brecht, Gesammelte Werke in 20 Bänden, Band 10. Suhrkamp Verlag Frankfurt am Main 1967.
(S. 114) **Buschmann, Wolfgang:** Es war einmal ein Martinshorn. Aus: Wolfgang Buschmann, Der Stuhl als Pferd und umgekehrt. Der Kinderbuchverlag Berlin 1990.
(S. 31) **Bydlinski, Georg:** Rabengeschichte. Aus: Bruder Löwenzahn und Schwester Maus. Hrsg.: U. Andresen und M. Popp. Ravensburger 1989.
(S. 16) **Christen, Victor:** Das Geheimnis der acht Zeichen. Nach: Eric Carle, Das Geheimnis der acht Zeichen. Ein Spiel-Bilder-Buch. (Deutsche Textfassung von Victor Christen) Gerstenberg Verlag Hildesheim 1991.
(S. 82) **Cratzius, Barbara:** Die Marienkäfer sind da! Aus: Barbara Cratzius, Uns gefällt die Frühlingszeit. Herder Verlag Freiburg im Breisgau 1993.
(S. 122) **Dietl, Erhard:** Wenn ich groß bin (Auzug). Aus: Erhard Dietl, Wenn ich groß bin. Verlag Friedrich Oetinger Hamburg 1993.
(S. 34) **Ende, Michael:** Beim Heulen zu sagen. Aus: Rosen, Tulpen, Kieselstein – komm wir wollen Freunde sein. Hrsg.: Dorothée Kreusch-Jacob. Ellermann Verlag München 1989.
(S. 38) **Englisches Gedicht:** Zehn in einem Bett. Aus: Fisher-Price, Lernen ist lustig. Time life Kinderbibliothek, o. J.
(S. 104/105) **Englisches Volkslied:** Old Mac Donald hat 'ne Farm. Aus: Fisher-Price, Lernen ist lustig. Kleine und große Tiere. Time life Kinderbibliothek Amsterdam 1990.
(S. 63) **Ehret, Angelika:** Der Unterschied. Aus: Was für ein Glück. 9. Jahrbuch der Kinderliteratur. Hrsg.: Hans-Joachim Gelberg. Beltz Verlag Weinheim und Basel 1993.
(S. 123) **Ehrhardt, Monika/Lakomy, Reinhard:** Der Traumzauberbaum, (S. 130) Gespensterduett. Aus: Der Traumzauberbaum. (Geschichtenlieder). Edition Peters Leipzig/ Dresden 1985.
(S. 164) **Fallersleben, Heinrich Hoffmann von:** Ostereier suchen. Aus: Kinderzeit im Festtagskleid. Herder Verlag Freiburg, Basel, Wien 1993.
(S. 54) **Fischbach, Wolfgang:** Liebe. Aus: Überall und neben dir. Beltz Verlag Weinheim und Basel 1986.
(S. 45, S. 61, S. 91, S. 96) **Fisher-Price:** (S. 96) Begrüßung bei den Eskimos, (S. 45) Gute Freunde, (S. 91) Womit würdest du gerne reisen? Aus: Fisher-Price, Lernen ist lustig. Kleine und große Tiere. Time life Kinderbibliothek Amsterdam 1990.
(S. 61) Warum fallen uns die Milchzähne aus? Aus: Fisher-Price, Lernen ist lustig. Über uns selbst. Time life Kinderbibliothek Amsterdam o. J.

(S. 76) **Feustel, Günther:** Im Wald der verhexten Tiere. Aus: ABC-Zeitung 10/91.
(S. 167) **Friesen, Astrid von:** Ein Sommertag im Zoo. Aus: Astrid Friesen, Tiere mit anderen Augen sehen. Kinderbuchverlag Luzern 1993.
(S. 118/119) **Geelhaar, Anne:** Das erste Konzert. Aus: Anne Geelhaar und Gertrud Zucker, Komm lieber Mai und mache. Der Kinderbuchverlag Berlin 1979.
(S. 152/153) **Gebrüder Grimm:** Der Bauer und der Teufel. Aus: Jakob und Wilhelm Grimm, Grimms Märchen.
(S. 137–139) **Gilsenbach, Reimar:** Das Märchen vom Schlaraffenland. Aus: Reimar Gilsenbach, Der ewige Sindbad. Der Kinderbuchverlag Berlin o. J.
(S. 102/103) **Gissler, Dorli,** Süße Sachen aus anderen Ländern. Aus: Dorli Gissler, Süße Sachen. Altberliner Verlag 1983.
(S. 131) **Goethe, Johann Wolfgang von:** Hexeneinmaleins. Aus: Faust I. (In: Goethe. Berliner Ausgabe, Bd.IV) Aufbau Verlag 1965.
(S. 107) **Grosz, Christiane.** Schwere Last. Aus: Katze im Sack. Der Kinderbuchverlag Berlin 1985.
(S. 55) **Gündisch, Karin:** Stefan. Aus: 8. Jahrbuch für Kinderliteratur. Hrsg.: Hans-Joachim Gelberg. Beltz Verlag Weinheim und Basel 1988.
(S. 46, S. 65) **Guggenmos, Josef:** (S. 46) Weinen und Lachen. Aus: Oh, Verzeihung sagte die Ameise. Beltz Verlag Weinheim und Basel 1990. (S. 65) Wenn Riesen niesen. Aus: Überall und neben dir. Beltz und Gelberg 1994.
(S. 35, S. 133, S. 159) **Hacks, Peter:** (S. 159) Die Blätter an meinem Kalender, (S. 35) Es war ein kleiner Junge. Aus: Peter Hacks, Der Flohmarkt. Der Kinderbuchverlag Berlin 1965. (S. 133) Zauberstab und Zauberhut. Aus: Zur Schule geh ich seit drei Tagen. Der Kinderbuchverlag Berlin 1973.
(S. 134) **Halle, Werner:** Aeiou. Aus: Bilder und Gedichte für Kinder. Westermann Braunschweig 1990.
(S. 162) **Heine, Heinrich:** Leise zieht durch mein Gemüt. Aus: Heinrich Heine, Werke in fünf Bänden. Aufbau Verlag Berlin und Weimar 1968.
(S. 20/21) **Härtling, Peter:** Schimpfeln. Aus: Peter Härtling, Sofie macht Geschichten. Beltz Verlag Weinheim und Basel o. J.
(S. 22, S. 111, S. 121) **Herold, Gottfried:** (S. 111, S. 121) Berufe (Die Kindergärtnerin u.a.). Aus: Gottfried Herold, Landung auf dem Fußballplatz oder Was willst du werden? Verlag Junge Welt Berlin 1982. (S. 22) Sie steht an der Straßenkreuzung. Aus: Gottfried Herold, Die Giraffe Emma Langbein. Der Kinderbuchverlag Berlin 1971.
(S. 148/149) **Hirsch, Josephine:** Das Burggespenst. Aus: Im Zauberwald. Herder & Co, Wien 1989.
(S. 36) **Hobermann, Mary Ann:** Geburtstag. Aus: Fisher-Price, Lernen ist lustig. Time life Kinderbibliothek, o. J.
(S. 18/19, S. 65, S. 131) **Hofbauer, Friedel/Melach, Anna:** (S. 131) HEXEN HEXEN WAS? (S. 65) Schnupfengedicht, (S. 18/19) Wenn ein Löwe in die Schule geht. Aus: Friedel Hofbauer und Anna Melach, Katzenbettgemisch. Verlag Carl Ueberreuter Wien 1993.
(S. 83) **Hoffmann, Traudel:** Aus den Eiern ..., Rätsel. Aus: Kribbel-Krabbel. Aus dem Leben der Roten Waldameisen. Rudolf Arnold, Leipzig 1967.
(S. 141) **Hohmann, Rainer:** Mein Märchenvorleser. Aus: Die Raupenbücher. Meine Familie und deine? Hrsg.: Rolf Krenzer. Georg Bitter Verlag KG Recklinghausen 1991.
(S. 162) **Hölty, Ludwig Christoph Heinrich:** Mailied. Aus: Deutsches Gedichtbuch. Aufbau-Verlag Berlin und Weimar 1972.
(S. 11, S. 112/113) **Hüttner, Hannes:** (S. 112/113) Bei der Feuerwehr wird der Kaffee kalt (Auszug). Aus: Hannes Hüttner, Bei der Feuerwehr wird der Kaffee kalt. Der Kinderbuchverlag Berlin 1969. (S. 11) Was ich alles kann. Aus: Frau Zwei kaut Schokolade. Hrsg.: Ursula Ringer. Der Kinderbuchverlag Berlin 1989.
(S. 158) **Jatzek, Gerald:** Die Zeit. Aus: Was für ein Glück. 9. Jahrbuch für Kinderliteratur. Hrsg.: Hans-Joachim Gelberg. Beltz Verlag Weinheim und Basel 1993.
(S. 14) **Joosten, Michael:** Gute Nacht mit B. Aus: Was für ein Glück. 9. Jahrbuch für Kinderliteratur. Hrsg.: Hans-Joachim Gelberg. Beltz Verlag Weinheim und Basel 1993.
(S. 48) **Jung, Holger:** Ratschlag. Aus: Holger Jung, Maxi-Spaß mit Mini-Sketchen für Kinder. Möller Verlag Niedernhausen 1993.
(S. 163) **Kahlau, Heinz:** Das Veilchen. Aus: Sieben Blumensträuße. Hrsg.: Hans-Otto Thiede. Verlag Volk und Wissen Berlin 1987.
(S. 88, S. 140) **Kirsch, Rainer:** (S. 88) Das Lied von der gegenseitigen Hilfe. Aus: Das Windrad. Der Kinderbuchverlag Berlin o. J. (S. 140) Heute ist verkehrte Welt. Aus: Rainer Kirsch/Hans Ticha: Heute ist verkehrte Welt. Der Kinderbuchverlag Berlin 1986.
(S. 166) **Kleberger, Ilse:** Sommer. Aus: A. Braun, Das große Vorlesebuch für das ganze Jahr. Arena Verlag Würzburg 1993.
(S. 42) **Knister,** Angst geh weg! Aus: Mücke. Mut tut gut. Hrsg.: R. Portmann. Arena Verlag GmbH Würzburg 1994.
(S. 40) **Kreft, Marianne:** Sabine. Aus: Überall und neben dir. Beltz Verlag Weinheim und Basel 1986.
(S. 176) **Krenzer, Rolf:** Das wünsch ich dir zum neuen Jahr. Aus: Rolf Krenzer, Ich freu mich auf die Weihnachtszeit. Verlag Heinrich Ellermann München 1994.
(S. 17, S. 68) **Kreusch-Jacob, Dorothée:** (S. 17) Geheimschrift. Aus: Rosen, Tulpen, Kieselstein – komm wir wollen Freunde sein. Verlag Heinrich Ellermann München 1989. (S. 68) Fünf Pechvögel. Aus: Der Bärendoktor hilft bestimmt. Verlag Heinrich Ellermann München 1992.

(S. 83, S. 90) **Krüss, James:** (S. 83) Ameisenkinder. Aus: Der fliegende Teppich. Verlag Friedrich Oetinger Hamburg 1976. (S. 90) Spruch für einen ... Aus: Bilder und Gedichte für Kinder. Georg Westermann Verlag 1990.

(S. 43) **Krüger, Sara:** Angst. Aus: 8. Jahrbuch für Kinderliteratur. Beltz Verlag Weinheim und Basel 1988.

(S. 29, S. 92) **Kunze, Reiner:** (S. 29) Die Sonntagmorgenmeise, (S. 92) Schlafwagenlied. Aus: Wohin der Schlaf sich schlafen legte. (Fischers Schatzinsel) Hrsg.: Klaus Humann. Fischer Taschenbuchverlag GmbH Frankfurt am Main 1994.

(S. 32/33) **Künzler-Behnke, Rosemarie:** Laura weiß was Wichtiges. Aus: Laura legt los. Verlag Heinrich Ellermann München 1993.

(S. 66/67) **Landa, Norbert:** Die Brummels. Aus: Spiel mit 3/94.

(S. 85) **Lessing, Gotthold Ephraim:** Die Eiche und das Schwein. Aus: Alice und Karl Heinz Berger, In der Sonne steht der Hahn. Der Kinderbuchverlag Berlin 1983.

(S. 151) **Lettisches Volksmärchen:** Der Regen. Aus: Das Märchenhaus. Hrsg.: Anne Geelhaar. Der Kinderbuchverlag Berlin 1969.

(S. 30, S. 164) **Lindemann, Werner:** (S. 30) Erwachsene dürfen wohl alles. Aus: Werner Lindemann, Tüftelchen. Der Kinderbuchverlag Berlin 1989. (S. 164) Ostermorgen Aus: Werner Lindemann, Aus dem Drispether Bauernhaus. Der Kinderbuchverlag Berlin 1988.

(S. 165) **Lindgren, Astrid:** April, April. Aus: Astrid Lindgren, Mehr von uns Kindern aus Bullerbü. Oetinger Verlag Hamburg 1968.

(S. 108–110) **Lionni, Leo:** Swimmy (deutsch von James Krüss). Gertraud Middelhauve Verlag Köln 1964.

(S. 75) **Lunghard, Bernd:** Naturwunder. Aus: Albert's bunte Bilderbude (Bd. 3). Hrsg.: Armin Wohlgemuth. Der Kinderbuchverlag Berlin 1990.

(S. 146) **Luther, Martin:** Vom Raben und Fuchs. Aus: Alice und Karl Heinz Berger, In der Sonne steht der Hahn. Der Kinderbuchverlag Berlin 1983.

(S. 17) **Maar, Paul:** Wettest du gern? Ja? Aus: Paul Maar, Onkel Florians fliegender Flohmarkt. Verlag Friedrich Oetinger Hamburg 1977.

(S. 14) **Manz, Hans:** Das A und das U. Aus: Hans Manz, Lieber heute als morgen. Beltz Verlag Weinheim und Basel 1988.

(S. 94/95) **Marschak, Samuil:** Die lustigen Spatzen. Aus: Samuil Marschak, Gedichte für Kinder. Verlag Progress Moskau o. J.

(S. 93) **Michels, Tilde:** Reisewörter. Aus: Der fliegende Robert. Hrsg.: Hans-Joachim Gelberg. Beltz Verlag Weinheim und Basel 1991.

(S. 58, S. 76) **Morgenstern, Christian:** (S. 58) Das neue Spiel. Aus: Christian Morgenstern, Werke und Briefe in 5 Bänden, Bd. 3 Humoristische Lyrik. Hrsg.: Maurice Cureau. Verlag Urachhaus Johannes M. Mayer GmbH, Stuttgart 1990. (S. 76) Die zwei Wurzeln. Aus: Gesammelte Werke in 1 Band. Piper Verlag 1996.

(S. 86/87) **Moser, Erwin:** Das Bett im Baum. Aus: Mario der Bär. Beltz Verlag Weinheim und Basel 1996.

(S. 69, S. 168) **Mucke, Dieter:** (S. 69) Bild. Aus: Freche Vögel. Der Kinderbuchverlag Berlin 1977. (S. 168) Oktober. Aus: Wetterhahn und Nachtigall. Aufbau Verlag Berlin und Weimar 1974.

(S. 72) **Nitsch, Cornelia:** Was Hände können. Aus: Lirum ... Larum ... Fingerspiel. Mosaik Verlag GmbH München 1994.

(S. 101) **Ohms, Hans Herbert u. a.:** Türkei, China. Aus: Der dicke Hund 1992 für alle Kinder. Hrsg.: Hans-Joachim Gelberg. Beltz Verlag Weinheim und Basel 1991. (S. 101) Polen und Ungarn. Aus: Reisekutsche. Hrsg.: Waltraud Singer und Marga Arndt. Verlag Volk und Wissen Berlin 1984.

(S. 54) **Petri, Walter:** Ein Gespenst. Aus: Humbug ist eine Bahnstation. Der Kinderbuchverlag Berlin 1978.

(S. 125) **Pichler, Werner:** Überraschender Besuch. Aus: Was für ein Glück. 9. Jahrbuch für Kinderliteratur. Hrsg.: Hans-Joachim Gelberg. Beltz Verlag Weinheim und Basel 1993.

(S. 64) **Pousset, Raimund:** Wasser ist naß. Aus. Die Wundertüte. Rohwolt Taschenbuchverlag GmbH Reinbek 1992.

(S. 57) **Rathenow, Lutz:** Ich freu mich. Aus: Sterne jonglieren. Ravensburger Buchverlag o.J.

(S. 157) **Rechlin, Eva:** In dieser Minute. Aus: „treff"-Schülerbuch 1990. Velber Verlag GmbH Seelze 1989.

(S. 89, S. 96) **Rodari, Gianni:** (S. 89) Aufforderung zum Tanz. (S. 96) Die Eskimos. Aus: Kopfblumen. Der Kinderbuchverlag Berlin 1972.

(S. 61, S. 82, S. 175) **Rodrian, Fred:** (S. 61) Der Mund. (S. 82) Marienkäferlein. (S. 175) Weihnachten. Aus: Ein Pferd schwebt durch den Himmel. Der Kinderbuchverlag Berlin 1989.

(S. 73) **Ruika-Franz, Viktoria:** Bitte. Aus: Sieben Blumensträuße. Hrsg.: Hans-Otto Tiede. Verlag Volk und Wissen Berlin 1987.

(S. 78) **Saalmann, Günter:** Ein Bäumchen wie ein Reisig. Aus: Mein Baumbüchlein. Hrsg.: Helga Stolzenburg. ABC-Zeitung (Beilage) 1978.

(S. 97) **Scheffler, Ursula:** Fremdsprachen sollte man können. Aus: Fisher-Price, Lernen ist lustig. Kleine und große Tiere. Time life Kinderbibliothek Amsterdam 1990.

(S. 116, S. 135, S. 156) **Scheuering, Erika:** (S. 156) Als Uribert zum Waldfest flog, (S. 135) Vom Frosch Florian und der Krähe, (S. 116) Wie der kleine Timmi ein berühmter Clown wurde. Aus: Erika Scheuering, Bunt wie Seifenblasen. Pestalozzi-Verlag Erlangen 1991.

(S. 41) **Schöne, Gerhard:** Wenn du glücklich bist (dt.Text). Aus: Gerhard Schöne, Das Auto von Lucio. Patmos Verlag GmbH Düsseldorf 1991.

(S. 56) **Schuldt, Brigitte:** Freundschaftsband. Aus: Glück und Wünsche. Das Geburtstagsbuch. Hrsg.: Brigitte Schuldt. Rowohlt Verlag Reinbek bei Hamburg 1994.
(S. 75) **Schulze, Axel:** Herbstbaum. Aus: Axel Schulze, Der Wunderzirkus. Der Kinderbuchverlag Berlin 1985.
(S. 100) **Schubiger, Jürg:** Das dicke Kleid. Aus: Der fliegende Robert. Hrsg.: Hans-Joachim Gelberg. Beltz Verlag Weinheim und Basel 1991.
(S. 15) **Schwarz, Regina:** Ein F ist allein. Aus: Was für ein Glück. 9. Jahrbuch für Kinderliteratur. Hrsg.: Hans-Joachim Gelberg. Beltz Verlag Weinheim und Basel 1993.
(S. 79) **Sergel, Albert:** Das Vogelnest. Aus: Sieben Blumensträuße. Hrsg.: Hans-Otto Tiede. Verlag Volk und Wissen Berlin 1983.
(S. 98) **Siege, Nasrin:** Dialog. Aus: Texte dagegen. Hrsg.: Silvia Bartholl. Beltz Verlag Weinheim und Basel 1993.
(S. 39) **Spohn, Jürgen:** Jeder Zeit. Aus: Jürgen Spohn, Drunter und drüber. Verse zum Vorsagen, Nachsagen und Weitersagen. Verlag Heinrich Ellermann München 1980.
(S. 63) **Steinwart, Anne:** Ätsch. Aus: Mensch, Jule! Benzinger Edition, im Arena Verlag
(S. 74) **Storm, Theodor:** Ein grünes Blatt. Aus: Helga Stolzenburg u.a.: Mein Baumbüchlein. ABC-Zeitung (Beilage) 1987.
(S. 163) **Strittmatter, Erwin:** Veilchen. Aus: Erwin Strittmatter, Schulzenhofer Kramkalender. Aufbau-Verlag Berlin und Weimar 1969.
(S. 74) **Sturm, Ursula:** Rätsel. Aus: Ursula Sturm und Harri Förster, Zwischen Fuchsbau und Elsternest. Verlag für Lehrmittel Pößneck 1982.
(S. 174) **Thoma, Ludwig:** Heilige Nacht. Aus: Kinderzeit im Festtagskleid. Herder Verlag Basel und Wien 1993.
(S. 147) **Tolstoi, Leo:** Das gute und das böse Tier. Aus: Franz Fühmann, Das Tierschiff. (urspr. aus: Das neue Alphabet Der Kinderbuchverlag Berlin 1965.) Der Kinderbuchverlag Berlin 1987.
(S. 150) **Uhland, Ludwig:** Der weiße Hirsch. Aus: Sieben Blumensträuße. Hrsg.: Hans-Otto Tiede. Verlag Volk und Wissen 1983.
(S. 70/71) **unbekannt:** Meike ist blind. Aus: Blind sein. Der Guckkasten.
(S. 99) **unbekannt:** Erica aus Brasilien (Auszug). Aus: Mücke, 12/94
(S. 132) **unbekannt:** Wirrle knirrle-knarrlelat. Aus: Krokofant (Interkantonales Sprach- und Sachbuch, Klasse 2). Lernmittelverlag des Kantons Zürich 1977.
(S. 154/155) **Ukrainisches Volksmärchen:** Der Handschuh (Auszug). Buchhandels- und Verlagsanstalt Leipzig o. J.
(S. 62) **Verroen, Dolf:** Groß werden. Aus: Ein dicker Dreckspatz. Übersetzt durch Martina Sander und Josh van Soer. Herold Verlag o. J.
(S. 172) **Volksgut:** Es schneit. Aus: Das große Vorlesebuch.
(S. 25) **Weber, Emil:** Fritzens ganze Familie. Aus: Fisher-Price, Lernen ist lustig. Time life Kinderbibliothek, o. J.
(S. 77) **Welsh, Renate:** Nina und der Wald. Aus: Renate Welsh, Nina sieht alles ganz anders. Ravensburger Buchverlag o. J.
(S. 28) **Widerberg, Siv:** Es waren einmal eine Mama und ein Papa. Verlag Friedrich Oetinger Hamburg 1991.
(S. 49) **Wittkamp, Frantz:** Warum sich Raben streiten. Aus: Überall und neben dir. Beltz Verlag Weinheim und Basel 1986.
(S. 44) **Wolf, Winfried:** Der schreckliche Hund. Aus: Winfried Wolf, Warum die Eisbären schwarze Nasen haben. Verlag Otto Maier Ravensburg o. J.

Abbildungs- und Fotonachweis

S. 12: Karl-Heinz Appelmann, Bilderrätsel-ABC. Aus: Die A-Meise, Herold Verlag, Stuttgart 1985, © Altberliner Verlag, Berlin 1984. **S. 142:** Segelschiff „Phillip Nelsen“, Urgroßeltern. Fotos: Heide Krahnepuhl, Rostock. **S. 54:** Illustration: Ein Gespenst hat an die Wand geschrieben, Gisela Neumann. Aus: Walter Petri, Humbug ist eine Bahnstation. Der Kinderbuchverlag Berlin 1978. **S. 64:** Illustration: Wasser ist naß, Erich Rauschenbach, Berlin. **S. 66/67:** Illustration: Die Brummels, Hanne Türk und Norbert Landa Bollschweil. **S. 69:** Joan Miró, Léchelle de l'évasion. Museo National Centro de Arte Reina Sofia, Madrid. © VG Bild-Kunst, Bonn, 1996 **S. 80:** Albrecht Dürer, Das kleine Rasenstück. Graphische Sammlung Albertina, Wien. © AKG Photo, Berlin. **S. 86/87:** Das Bett im Baum. Aus: Erwin Moser, Mario der Bär. Beltz Verlag Weinheim und Basel, Programm Beltz & Gelberg, Weinheim. **S. 108/109:** Illustration: Swimmy im Fischschwarm, Aus: Leo Lionni, Swimmy. © Gertraud Middelhauve Verlag, München 1964. **S. 115:** Briefmarke Luise Henriette von Oranien. © Deutsche Post AG, Bonn. **S. 117:** Pablo Picasso, Paolo als Harlekin: Museé Picasso, Paris. © Peter Willi, Artothek Peissenberg. © VG Bild-Kunst, Bonn, 1996 **S. 117:** Foto von Man Ray, Paolo zwei Jahre alt, mit seiner Mutter Olga. © VG Bild-Kunst, Bonn, 1996 **S.137:** Pieter Brueghel d. Ä., Schlaraffenland. Alte Pinakothek, München. © AKG Photo, Berlin. **S. 140:** Neuruppiner Bilderbogen Nr. 2788, Heimatmuseum Neuruppin **S. 167:** August Macke, Großer Zoologischer Garten. Museum am Ostwall. I. Spiler, Dortmund. © VG Bild-Kunst, Bonn, 1996.